기독교 교리 요약

A SUMMARY OF CHRISTIAN DOCTRINE
ⓒ1938 by L.Berkhof
Korean Edition Translated by SOO-JUN PARK
Published by So-Mang Publishing Co.Seoul, Korea

A Summary of Christian Doctrine

기독교 교리 요약

루이스 벌코프 지음

신복윤 감수 | 박수준 옮김

옮긴이의 말

먼저 이 책이 나오기까지 인도해주신 하나님께 감사의 기도를 드립니다. 본서(*A Summary of Christian Doctrine*)의 저자인 고 벌코프(L. Berkhof) 교수는 한국교회 조직신학의 권위자 박형용 박사님(교의 신학)과 신복윤 박사님(기독교신학개론)을 통하여 한국보수신학계에 널리 알려진 신학자입니다.

본서는 벌코프 교수의 조직신학 저서 중 가장 요약된 책으로 교역자와 신학생은 물론 평신도들이 성경을 조직적으로 연구하는데 많은 도움이 되리라 믿습니다. 본서를 번역하면서 한국신학계에 신학적 용어의 통일성의 필요함을 느끼게 되었고, 평신도들의 교리적 신앙확립이 시급함을 느끼게 되었습니다. 번역에 부족한 점이 있겠지만, 본서를 통하여 많은 성도들이 교리적 신앙을 확립하게 된다면 역자로서는 더 큰 기쁨이 없을 것입니다.

끝으로 본서를 소개해 주시고 끝까지 보살펴 주시며 감수해주신 본인의 은사 신복윤 박사님과 성서 유니온의 윤종하 총무님의 노고에 진심으로 감사를 드리며, 본인을 오늘까지 키워주신 又山育英會 박주병 박사님과 성은교회 서재승 목사님께 감사를 드립니다.

본서를 대하는 모든 성도들 위에 하나님의 은총이 풍성하시기를 기원하면서.

옮긴이 박 수 준

차례

1부 서론 … 9
    1장 종교 … 10
    2장 계시 … 16
    3장 성경 … 25

2부 신론 / 하나님과 창조에 관한 교리 … 31
    4장 하나님의 본질 … 32
    5장 하나님의 명칭 … 38
    6장 하나님의 속성 … 43
    7장 삼위일체 … 55
    8장 하나님의 작정 … 61
    9장 창조 … 68
    10장 섭리 … 78

3부 인간론 / 하나님과 관계된 인간 … 85
    11장 원시상태의 인간 … 86
    12장 죄의 상태에 있는 인간 … 94
    13장 은혜계약 안에 있는 인간 … 103

4부 기독론 … 115
    14장 그리스도의 명칭과 본질 … 116
    15장 그리스도의 신분 … 123
    16장 그리스도의 직무 … 132
    17장 그리스도의 속죄 … 141

5부 구원론 / 구원사역의 적용교리 ⋯ 147
    18장 **성령의 일반적 작용(일반은총)** ⋯ 148　　19장 **부르심과 중생** ⋯ 154
    20장 **회심과 믿음** ⋯ 162　　21장 **칭의** ⋯ 171
    22장 **성화와 성도의 견인** ⋯ 178

6부 교회론 / 은혜의 방편 ⋯ 187
    23장 **교회의 성질** ⋯ 188　　24장 **교회의 정치와 권세** ⋯ 196
    25장 **하나님의 말씀과 성례** ⋯ 205　　26장 **세례** ⋯ 212
    27장 **성찬** ⋯ 218

7부 종말론 ⋯ 225
    28장 **육체적 죽음과 사후의 중간 상태** ⋯ 226
    29장 **그리스도의 재림** ⋯ 233
    30장 **부활 · 마지막 심판 · 무궁세계** ⋯ 240

A Summary of Christian Doctrine

1부 서론

1. 종교
2. 계시
3. 성경

1장
종교(宗敎)

1. 종교의 본질

성경은 인간이 하나님의 형상대로 창조되었다고 가르쳐 준다. 이 인간이 범죄하여 타락했다고 해서 하나님의 형상을 지닌 자로서의 위치를 완전히 잃어버린 것은 아니다. 비록 인간의 죄된 성품은 종교를 끊임없이 반대하지만, 종교의 씨앗만은 아직도 전 인류에게 남아 있는 것이다.

지구상의 모든 민족과 종족들에게는 각기 다른 형태이긴 하지만 종교가 존재한다는 것을 선교사들은 증거해주고 있다. 많은 사람들이 종교를 욕된 것으로 비난하지만, 종교야말로 인류에게 준 최대의 축복 중의 하나인 것이다. 종교는 인간 생활의 가장 심오한 근원을 다룰 뿐만 아니라, 인간의 사상과 감정과 욕망을 지배한다고 볼 수 있다.

종교란 과연 무엇인가? 우리는 하나님의 말씀을 연구할 때에만 비로

소 진정한 종교의 본질이 무엇인가를 알게 된다. 영어에서 종교(religion)란 말은 성경의 원어인 히브리어나 헬라어에서 파생한 것이 아니라, 라틴어에서 나온 것으로 영어성경에 네 곳에만 있다(갈 1:13, 14, 약 1:26-27).

구약에서는 종교를 '주님을 향한 경외'라고 설명하였다. 여기 경외라는 말은 공포의 감정이 아니라, 하나님을 두려워하는 마음에서 우러나오는 존경의 감정이며, 사랑과 신뢰가 조화를 이룬 감정인 것이다. 이 종교는 구약 성도들이 율법계시에 대해 경건한 호응을 보인 것이며, 신약에서는 율법보다는 복음에 대해 반응을 나타낸 것으로 신앙과 경건의 태도를 뜻하는 것이다.

성경에 비추어 보면, 종교는 인간의 하나님에 대한 관계, 곧 하나님의 절대적 존엄성과 무한한 능력을 의식하고, 인간 자신의 비천함과 연약한 상태를 깨닫는 것이라 하겠다. 그러므로 종교란 하나님에 대한 의식적이고 자발적인 영적 관계, 특히 감사의 예배와 사랑의 봉사 행위에서 표현되는 것으로 정의될 수 있다. 이러한 종교적 예배와 봉사의 태도는 인간 스스로에 의한 것이 아니라, 하나님에 의해서만 이루어지는 것이다.

2. 종교의 자리

인간 정신에 있어서 종교의 자리가 어디에 있느냐 하는 문제를 살필 때, 몇 가지 그릇된 견해들이 있다.

어떤 사람은 종교를 지식의 일종으로 생각하여 지성(知性 : intellect)에 종교의 자리를 둔다. 또 어떤 사람은 종교를 하나님에 대한 일종의 직접적인 느낌으로 간주하여 감정(感情 : feelings)에서 종교의 자리를 찾기도

한다. 또 어떤 사람은 종교란 무엇보다 도덕적 행위로 성립되는 것으로 생각하고, 종교의 자리를 의지(意志 : will)에 두기도 한다.

그러나 위의 견해들은 모두 한편만 보는 관점이기 때문에 종교를 마음의 문제라고 주장하는 성경의 가르침과는 어긋난다고 볼 수 있다. 성경 심리학에 의하면, 마음은 영혼의 중심적 기관이라고 한다. 인간의 마음에서부터 인간의 모든 생활, 사상, 감정 그리고 의지의 모든 문제가 나오는 것이다(잠 4:23, 무릇 지킬 만한 것보다 더욱 네 마음을 지키라 생명의 근원이 이에서 남이니라). 종교는 한 인간의 지혜, 지성, 감정, 그리고 그의 도덕생활을 내포하고 있기 때문에 이렇게 보는 것이 종교의 본질에 대한 바른 견해라 하겠다.

3. 종교의 기원

지난 수년 동안 종교의 기원 문제에 대한 특별한 관심이 집중되어, 이 문제를 설명하려고 여러 차례 계속적으로 노력해 봤으나 성공하지 못하고 말았다. 어떤 학자는, 종교란 어떤 간교하고 기만적인 제사장이 하나의 돈벌이로 생각한 데서 시작되었다고 하지만, 이 설명은 오늘날 완전히 인정받을 수 없게 되었다. 다른 학자는, 종교를 생명없는 물체, 혹은 서물(庶物)에 대한 숭배나 조상들의 영혼 숭배에서 비롯되었다고 주장한다. 그러나 인간들이 어떻게 하여 생명이 없는 혹은 생명이 있는 대상에 대한 숭배사상을 갖게 되었는가 하는 문제가 제기되므로 이 주장 역시 종교의 기원에 대한 설명이 되지 못한다. 또 다른 학자는 종교를 자연숭배, 곧 자연의 신비와 능력에 대한 숭배나 마술의 광범한 실행에서 기원되었다는 견해를 주장한다. 그러나 이 이론 역시 비 종교적인 인간이 어떻게 종교적이 되었느냐 하는 문제에 대하여 다른 학설 이상의 설명을 하지 못한 셈이다.

성경만이 종교의 기원에 관한 믿을만한 설명을 해주고 있다. 성경은 우리에게, 종교적인 예배를 받기에 합당한 유일한 대상자이신 하나님이 계심을 말해주고 있다. 더욱이 성경은, 인간이 자기 능력으로 하나님을 찾을 수 없었기 때문에, 하나님께서 자연을 통해서와 특히 그 자신의 거룩한 말씀을 통해서 자신을 계시하였음을 확실하게 말해주고 있다. 또한 하나님께서는 인간에게 예배와 봉사를 요구하고 계시며, 어떠한 예배와 봉사를 기뻐 받으시는가를 하나님이 스스로 결정하신다고 성경은 설명해 주고 있다.

마지막으로, 성경은 하나님께서 인간을 창조하시되 자기 형상을 따라 지으셔서 이 계시를 이해하고 따를 수 있는 능력을 주셨으며, 또한 하나님과 교제하고 하나님을 영화롭게 하고 싶은 마음이 나도록 인간의 마음 속에 자연적인 충동을 심어주셨다고 가르치고 있다.

참고할 성구

01 종교의 본질

신 10:12-13
"이스라엘아 네 하나님 여호와께서 네게 요구하시는 것이 무엇이냐 곧 네 하나님 여호와를 경외하여 그 모든 도를 행하고 그를 사랑하며 마음을 다하고 성품을 다하여 네 하나님 여호와를 섬기고 내가 오늘날 네 행복을 위하여 네게 명하는 여호와의 명령과 규례를 지킬 것이 아니냐"

시 111:10
"여호와를 경외함이 곧 지혜의 근본이라 그 계명을 지키는 자는 다 좋은 지각이 있나니 여호와를 찬송함이 영원히 있으리로다"

전 12:13
"일의 결국을 다 들었으니 하나님을 경외하고 그 명령을 지킬지어다 이것이 사람의 본분이니라"

요 6:29
"예수께서 대답하여 가라사대 하나님의 보내신 자를 믿는 것이 하나님의 일이니라 하시니"

행 16:31
"가로되 주 예수를 믿으라 그리하견 너와 네 집이 구원을 얻으리라 하고"

02 종교의 자리

시 51:10
"하나님이여 내 속에 정한 마음을 창조하시고 내 안에 정직한 영을 새롭게 하소서"

잠 4:23
"무릇 지킬 만한 것보다 더욱 네 다음을 지키라 생명의 근원이 이에서 남이니라"

마 5:8
"마음이 청결한 자는 복이 있나니 저희가 하나님을 볼 것임이요"

03 종교의 기원

창 1:27
"하나님이 자긱 형상 곧 하나님의 형상대로 사람을 창조하시되 남자와 여자를 창조하시고"

신 4:13
"여호와께서 그 언약을 너희에게 탄포하시고 너희로 지키라 명하셨으니 곧 십계명이며 두 돌판에 친히 쓰신 것이라"

겔 36:26
"또 새 영을 너희 속에 두고 새 마음을 너희에게 주되 너희 육신에서 굳은 마음을 제하고 부드러운 마음을 줄 것이며"

연구할 말씀

① 참 종교의 요소
신 10:12, 전 12:13, 호 6:6, 미 6:8, 막 12:33, 요 3:36, 6:29, 행 6:3, 롬 12:1, 13:10, 약 1:27

② 거짓 종교의 형태
시 78:35, 36, 사 1:11-17, 58:1-5, 겔 33:31-32, 마 6:2, 5, 7:21, 26, 27, 23:14, 눅 6:2, 13:14, 갈 4:10, 골 2:20, 딤후 3:5, 딛 1:16, 약 2:15-16, 3:10

③ 참 종교의 실례
창 4:4-8, 12:1-8, 15:17, 18:22-33, 출 3:2-22, 신 32:33, 왕하 18:3-7, 19:14-19, 단 6:4-22, 눅 2:25-35, 2:36-37, 7:1-10, 딤후 1:5

복습 문제

1. 종교는 어떤 특정한 종족이나 국민에게만 한정되어 있는가?
2. 참 종교의 본질을 알려면 무엇을 배워야 하는가?
3. 종교를 설명하기 위하여 신약과 구약에서는 어떤 낱말이 사용되고 있는가?
4. 종교의 정의를 내려보라.
5. 종교의 자리에 대한 잘못된 생각은 무엇인가?
6. 성경에서는 종교생활의 중심이 무엇이라고 했는가?
7. 종교의 기원에 대한 서로 다른 의견들은 무엇인가?
8. 그럼 가장 만족할만한 답은 무엇인가?

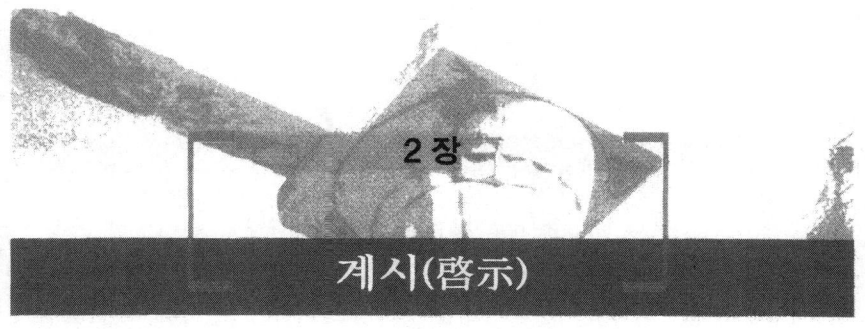

2장 계시(啓示)

1. 계시에 대한 일반적 고찰

종교에 대한 고찰을 한 후에는 그 기원이 되는 계시에 대하여 고찰하지 않을 수 없게 된다. 만일 하나님이 자신을 계시하지 않으셨다면 종교는 없었을 것이다. 또 하나님이 자신을 스스로 알리지 않으셨다면, 인간은 하나님에 대한 어떠한 지식도 가질 수 없으며, 인간 그대로 버려 두신다면 하나님을 찾을 길이 없을 것이다. 이 계시는 자연계에 나타난 하나님의 계시와 성경에 나타난 하나님의 계시로 구별할 수 있다.

물론 무신론자들과 불가지론자들은 계시를 믿지 않는다. 범신론자들은 그들의 사상체계 속에 계시를 허용하지는 않지만 가끔 계시에 대하여 언급하기는 한다. 자연신론자들은 자연계에 나타난 하나님의 계시는 인정하나, 성경에 나타나는 특별계시의 필연성과 실재성, 심지어는 특별계시의 가능성까지도 부인한다. 그러나 우리는 일반계시와 특별계시를 다 믿는다.

2. 일반계시

하나님의 일반계시는 시간상으로 특별계시보다 앞선다. 일반계시는 인간에게 구술적 전달 형식으로 오는 것이 아니라 자연 사건과 자연 세력과 자연 법칙을 통하여 오는 것이다. 성경은 일반계시에 대하여 다음과 같은 구절에서 언급하고 있다. 시 19:1-2, 롬 1:19-20, 2:14-15.

(1) 일반계시의 불충분성

펠라기우스파와 합리주의자들과 자연신론자들은 일반계시만으로 현재 인간의 요구에 적합한 것으로 간주하는데 반하여, 로마 카톨릭과 프로테스탄트는 일반계시만으로는 충분하지 못하다고 본다.

이 일반계시는 하나님의 아름다운 창조세계에 남아있는 죄의 암영(暗影)에 의해 희미하게 되고 말았다. 창조주의 솜씨가 완전히 지워진 것이 아니고 흐려지고 희미해진 것이다. 일반계시는 하나님에 관한 충분한 지식과 영적인 일에 대한 충분한 지식을 전달하여 주지 못하므로 인간이 영원한 미래를 건설할 수 있는 확고한 기초를 제공하여 주지 못한다. 종교를 순수하게 하나의 자연적 근거에만 세우려는 자들의 현재의 종교적 혼란이 바로 일반계시의 불충분성을 분명하게 증명하여 준다.

일반계시가 일반적 종교에도 합당한 기초를 제공하여 주지 못하므로 참 종교에 대해서는 더욱 그러하다. 심지어 이방 민족들은 어떤 가상적 특별 계시에 호소한다. 결국 일반계시로서는 죄인들의 영적인 요구를 완전히 만족시킬 수 없다.

그러므로 일반계시는 하나님의 선과 지혜와 능력에 관한 다소의 지식을 전달하여 주지만, 그리스도가 구원의 유일한 길이라는 사실을 알려 주지 못한다.

(2) 일반계시의 가치

그러나 위에 언급한 내용이 일반계시가 전혀 무가치하다는 것은 아니다. 일반계시는 아직도 이교(異敎)의 진정한 확립 요소를 설명해 주는데, 이 계시로 말미암아 이방인들은 그들 자신이 하나님의 후손임을 깨닫고(행 17:28), 하나님을 발견하게 되었고(행 17:27), 자연 속에서 하나님의 영원하신 능력과 신성을 보고(롬 1:19-20), 본성으로 율법의 일을 행하게 되었다(롬 2:14). 또 그들은 죄와 무지의 암흑 속에서 생활하며 하나님의 진리를 곡해하지만 말씀의 조명(요 1:9)과 성령의 일반적 작용(창 6:3)에는 참여하는 것이다. 뿐만 아니라, 하나님의 일반계시는 그의 특별계시의 배경을 형성해 주므로, 특별계시는 일반계시 없이 완전히 이해될 수 없는 것이다. 과학과 역사는 성경기록에 대해 빛을 던져주는 일을 계속하고 있다.

3. 특별계시

자연 속에 나타난 일반계시와 함께 우리는 성경에서 구체화 되어 있는 특별계시를 받아들인다. 성경은 분명히 하나님의 특별계시의 책인데, 이 계시 속에는 사실과 말씀이 병행하여, 말씀은 사실을 해석하고 사실은 말씀에게 본질을 제공해 준다.

(1) 특별계시의 필요성

특별계시는 세상에 죄가 들어옴으로 필요하게 되었다. 자연에 나타난 하나님의 솜씨는 희미해지고 부패하게 되었다. 인간은 영적으로 둔하여져서 고통을 받게 되어 과오와 불신앙의 종노릇을 하게 되었고, 우매함과 고집으로 계시의 본래 흔적까지도 명확히 알 수 없게 되고 하나님의 보다 깊은 계시를 이해할 수 없게 되고 말았다. 그러므로 하나님께서 자연의 진리를 재해석하고 구속의 새로운 계시를 제공하여 줌으로써 인간의 마음을 조명하여 오류의 구덩이에서 벗어나도록 해야만 하셨다.

(2) 특별계시의 방법

하나님께서는 특별계시 혹은 초자연적 계시를 주시되 다음과 같은 방법을 사용하셨다.

a. 하나님의 현현(顯現)

하나님께서는 자신이 존재하심을, 불과 연기의 구름 속(출 3:2, 33:9, 시 78:14, 99:7)에서와 폭풍(욥 38:1, 시 18:10-16) 속에서와 세미한 음성(왕상 19:12) 속에서 나타내 보여 주셨는데, 이 모든 것은 자신의 영광을 드러내는 하나님의 나타나심(임재)의 증거인 것이다. 구약에 보면 삼위(三位) 중 제2위 되신 여호와의 사자의 현현이 두드러진다(창 16:13, 31:11, 출 23:20-23, 말 3:1). 인간들 속에 나타나신 하나님의 인격적 현현은 예수 그리스도의 성육신에 이르러 최절정에 달했다. 그리스도 안에서 말씀이 육신이 되고 그 말씀이 우리 가운데 거하게 되었던 것이다.

b. 직접적 전달

하나님은 가끔 모세와 이스라엘 자손들에게 직접 말씀하신 것(신 5:4)처럼, 인간이 들을 수 있는 음성으로 인간에게 말씀하셨다. 성령의 내적 작용으로 선지자들에게 자신의 메시지를 전해 주셨다(벧전 1:11). 하나님은 꿈과 환상의 방법과 우림과 둠밈의 방법으로 자신을 계시하셨다(민

12:6, 27:21, 사 6:). 신약에 보면 그리스도는 아버지의 뜻을 나타내기 위해 나타나셨으며, 사도들은 하나님의 영으로 말미암은 계시 전달의 기관이 되었다(요 14:26, 고전 2:12-13, 살전 2:13).

c. 이적(異蹟)

성경에 나타난 이적은 인간에게 놀라움만 주는 하나의 단순한 경이적 사건이 아니라, 하나님의 특별계시의 필연적인 한 방편으로 간주되어야 한다. 이 이적들은 하나님의 특별한 능력의 표현이며, 자신의 특별한 임재(나타나심)의 증표이며, 때로는 영적 진리를 상징하며, 다가 올 하나님의 나라와 구속적 능력의 징조인 것이다. 이적 중에 최대의 이적은 성육신(成肉身, 예수께서 사람의 몸을 입으시고 탄생)하신 사건이다. 하나님의 창조 전체가 그리스도 안에서 회복되어 가며 본래의 아름다움을 되찾게 된 것이다(딤전 3:16, 계 21:5).

(3) 특별계시의 특성

이 하나님의 특별계시는 구원의 계시인데, 죄인과 세상에 대한 하나님의 구원의 계획과 이 구원계획의 실현 방법을 보여주는 계시이다. 이 특별계시야 말로 인간의 마음을 조명하여 그의 뜻을 선한 데로 이끌어 주며, 거룩한 사랑으로 채워주고, 그에게 하늘나라의 집을 준비케 하는 계시인 것이다. 특별계시는 우리에게 구속의 메시지를 전해 줄 뿐 아니라 구속의 사건을 알게 해 준다. 우리를 지식으로 부하게 할 뿐 아니라 죄인을 성도로 변하게 하며 우리 생활을 변화시켜 준다. 그리고 이 계시는 분명히 진보적이다. 속죄의 위대한 진리가 처음에는 희미하게 나타나고 점진적으로 분명해지고 마침내 신약에 와서 이 진리의 충족함과 아름다움이 현저해진다.

참고할 성구

01 일반계시

시 8:1
"여호와 우리 주여 주의 이름이 온 땅에 어찌 그리 아름다운지요 주의 영광을 하늘 위에 두셨나이다"

시 19:1-2
"하늘이 하나님의 영광을 선포하고 궁창이 그 손으로 하신 일을 나타내는도다 날은 날에게 말하고 밤은 밤에게 지식을 전하니"

롬 1:20
"창세로부터 그의 보이지 아니하는 것들 곧 그의 영원하신 능력과 신성이 그 만드신 만물에 분명히 보여 알게 되나니 그러므로 저희가 핑계치 못할지니라"

02 특별계시

민 12:6-8
"이르시되 내 말을 들으라 너희 중에 선지자가 있으면 나 여호와가 이상으로 나를 그에게 알리기도 하고 꿈으로 그와 말하기도 하거니와 내 종 모세와는 그렇지 아니하니 그는 나의 온 집에 충성됨이라 그와는 내가 대면하여 명백히 말하고 은밀한 말로 아니하며 그는 또 여호와의 형상을 보겠거늘 너희가 어찌하여 내 종 모세 비방하기를 두려워 아니하느냐"

히 1:1
"옛적에 선지자들로 여러 부분과 여러 모양으로 우리 조상들에게 말씀하신 하나님이"

벧후 1:21
"예언은 언제든지 사람의 뜻으로 낸 것이 아니요 오직 성령의 감동하심을 입은 사람들이 하나님께 받아 말한 것임이니라"

연구할 말씀

① 여호와의 천사의 나타남
창 16:13, 31:11, 13, 32:28, 출 23:20-23

② 꿈에 의한 계시에 대한 실례
창 28:10-17, 31:24, 41:2-7, 삿 7:13, 왕상 3:5-9, 단 2:1-3, 마 2:13, 19-20

③ 하나님께서 환상 가운데서 자신을 계시하신 경우
사 6장, 겔 1-3장, 단 2:19, 7:1-14, 슥 2-6장

④ 이적과 계시

출 10:1-2, 신 8:3, 요 2:1-11, 요 6:1-14, 25-35, 요 9:1-7, 요 11:17-44

복습 문제

1. 일반계시와 특별계시의 차이점은?
2. 하나님의 계시를 전적으로 부정하는 이들은 누구인가?
3. 자연신론자들은 계시에 대하여 어떤 입장을 취하는가?
4. 일반계시의 성격을 말하라.
5. 왜 일반계시로서는 불충분한가? 그렇다면 일반계시의 가치는 무엇인가?
6. 하나님의 특별계시는 왜 필요한가?
7. 하나님은 특별계시를 어떤 방법으로 계시하셨는가?
8. 특별계시의 특성을 말하라.

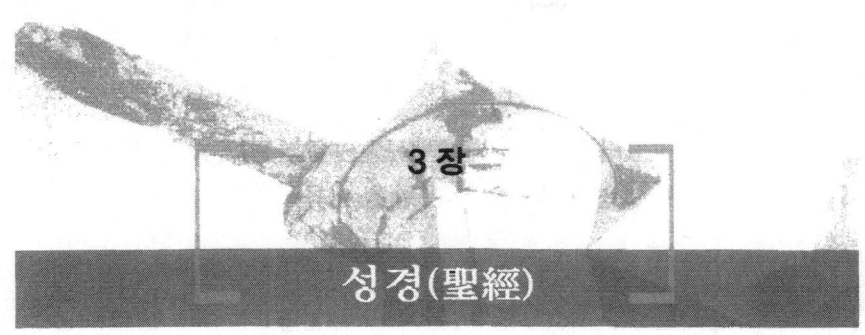

3장
성경(聖經)

1. 계시(啓示)와 성경(聖經)

'특별계시'란 말은 한 가지 의미로만 사용된 것이 아니다. 이 말은 메시지 전달과 이적적 사실을 통한 하나님의 직접적인 자기 전달을 의미하는 것이다. 선지자들과 사도들은 이따금 기록하라는 하나님의 명령을 받기 오래 전에도 하나님으로부터 메시지를 받아왔다. 현재 이 메시지들이 성경에 포함되어 있지만 이것이 성경 전체의 구성요소가 된 것은 아니다. 성경에는 초자연적 방법으로 계시되지 않은 것이 많이 있지만 역사 연구와 전에 받은 영감의 결과도 많이 포함되어 있다.

그러나 특별계시란 말은 진정한 역사적 기반을 가진 구속적 진리와 구속적 사실의 총체인 성경 전체를 표현하는데 사용된다. 그런데 이 구속적 진리와 구속적 사실들은 성경에 나타난 진리이며, 이 성경이 성령에 의하여 무오(無誤)하게 영감되었다는 사실이 구속진리의 신적 보증이 된다고 할 수 있다. 이러한 사실로 보아 모든 성경만이 인간을 위한 하나님의 특별계시라고 할 수 있는데, 이 하나님의 특별계시는 성경을 근거하여 지금도 생명과 광명과 거룩함을 제공하여 주는 것이다.

2. 영감성에 대한 성경적 증거

모든 성경은 하나님의 영감(靈感)에 의하여 쓰여진 것이며, 믿음과 행위의 절대 표준인 것이다. 어떤 사람은 성경의 영감교리를 간혹 부인하기도 하지만, 이는 잘못이다. 왜냐하면 성경의 영감교리는 인간의 창작적 산물이 아니라, 성경에 근거한 교리이기 때문이다. 이 교리는 많은 성경의 증거를 갖지만, 여기서는 그 중 몇 구절만 지적하고자 한다.

구약 성경의 저자들은 주님께서 그들에게 명하시는 것을 기록하도록 거듭 거듭 지시를 받아왔다(출 17:14, 34:27, 민 33:2, 사 8:1, 30:8, 렘 25:13, 30:2, 겔 24:1, 단 12:4, 합 2:2). 구약 선지자들은 주님의 말씀을 전한다고 의식했으므로, "이와 같이 주께서 말씀하셨느니라" 또는 "주님의 말씀이 내게 임하셨느니라"의 형태(렘 36:27, 32, 겔 26, 27, 31, 32, 39장)로 그들의 메시지를 소개했다. 바울은 자신의 말을 "성령이 가르치신 말씀"(고전 2:13)이라 했고, 그리스도가 내 안에서 말씀하신다고(고후 13:3) 주장했으며, 데살로니가인들에게 보내는 메시지를 하나님의 말씀이라고 표현했다(살전 2:13).

히브리서 저자는 구약 메시지를 인용할 때 하나님의 말씀 또는 성령의 말씀이라고 전제하면서 인용했다(히 1:5, 3:7, 4:3, 5:6, 7:21). 성경의 영감성을 증명하는 가장 중요한 구절은 "모든 성경은 하나님의 감동으로 된 것으로 교훈과 책망과 바르게 함과 의로 교육하기에 유익하니"(딤후 3:16)이다.

3. 영감의 성질

영감설에는 특별히 피해야 할 극단적인 두 가지 그릇된 견해, 곧 기계적 영감설과 동력적(動力的) 영감설이 있다.

(1) 기계적 영감설(Mechanical Inspiration)

이 학설은 하나님께서 성경의 저자인 인간으로 하여금 성경의 글자 하나 하나를 받아 쓰게 하셨다는 학설이다. 즉 저자인 인간을 저술가의 손에 쥐여진 펜처럼 수동적으로 사용하셨다는 것이다. 이 학설에 의하면, 저자들의 마음이 그들 저서의 내용과 형식에 아무런 영향을 주지 못했다고 한다.

그러나 성경적인 입장에서 보면, 이 학설은 그릇된 설이다. 성경의 인간 저자들은 실제 저자로서, 경우에 따라서는 그들이 받은 명령에 근거가 되는 자료들을 수집하기도 하고(왕상 11:41, 14:29, 대상 29:29, 눅 1:1-4), 시편 여러 곳을 보면 그들 자신의 경험을 기록하기도 했고, 그들의 저서를 자신의 독특한 문체로 표현하기도 했다. 이사야의 문체는 예레미야의 문체와 다르며, 요한의 문체는 바울의 문체와 같지 않다.

(2) 동력적 영감설(Dynamic Inspiration)

이 학설에 의하면, 하나님께서 영감 과정에 있어서 저자들을 감동시키셨지만, 그들의 저서를 기록하는데는 직접적인 관련이 없다는 것이다. 저자들의 심적, 영적생활이 감동을 받아 최절정에 달하므로 사물을 보다 분명히 관찰하고 그들의 바른 영적 가치에 대한 보다 심오한 판단을 하게 되었다는 것이다. 이러한 영감은 성경의 저서들이 기록될 시기에만 국한된 것이 아니라, 이는 저자들의 영구한 특성이므로 그들 저서에 간접적으로 영향을 미친다는 것이다. 이 저자들에게 주신 영감은 일반 모든 신자들에게 주는 영적 조명과는 정도의 차이만 있을 뿐이다. 이 학설은 영감에 대한 성경적인 견해가 못된다.

(3) 유기적 영감설(Organic Inspiration)

영감에 대한 성경적 견해는 성령께서 성경의 저자들을 유기적(有機的)인 방법으로 감동시켜, 그들의 내적 인간성, 곧 저자들의 성격과 기질, 은사와 재능, 교육과 교양, 용어와 문체를 그대로 사용하여 조화를 이루게 하셨다는 것이다. 성령께서는 저자들의 마음을 조명하셨고, 기억을 새롭게 하여 기록하도록 고취시키셨고, 기록함에 있어 죄의 영향을 받지 않도록 주장하셨으며, 그의 사상을 표현함에 있어 심지어 용어 선택까지도 지도하셨던 것이다. 성령께서는 한순간이라도 저자들의 능력을 자유롭게 내버려 두지 않으셨다. 그들은 자신의 연구조사의 결과를 쓸 수 있었고, 그들 자신의 경험도 기록할 수 있었으며, 자신의 문체나 용어의 특징을 나타낼 수도 있었던 것이다.

4. 영감의 범위

성경의 영감범위에 관한 문제에도 여러 가지 학설들이 있다.

(1) 부분적 영감(Partial Inspiration)

합리주의의 영향을 받아, 어떤 학자들은 성경 전체의 영감을 부인하거나 부분만 영감되었다고 주장한다. 어떤 학자는 구약의 영감성은 부인하면서도 신약의 영감성은 인정한다. 또 어떤 학자는 성경의 도덕적 교훈이나 종교적 교훈은 영감되었지만, 역사적 부분은 많은 연대적, 고고학적, 과학적 오류가 있다고 주장한다. 또 다른 학자는 산상보훈만이 영감되었다고 주장하기도 한다. 이러한 견해를 택하는 학자들은 이미 그들의 성경을 상실하고 말았다. 왜냐하면 이런 견해의 상당한 차이는 성경의 어느 부분이 영감되고 어느 부분이 영감되지 않았는가를 아무도 확실히 결정할 수 없기 때문이다. 또 성경의 사상만은 영감되었지만 용어의 선택은 저자의 인간적 지혜에 완전히 의존한다는 학설도 있다. 그러나 이 주장은 사상이 용어와 분리될 수 없으며, 실상 용어없는 정확한 사상이란 불가능하다는 의문을 남기게 된다.

(2) 완전영감(Plenary Inspiration)

성경 자체의 증명을 따르면, 성경의 모든 부분이 영감되었다고 한다. 예수님과 사도들은 어떤 난제를 해결하기 위하여 '성경'(Scripture) 또는 '성경들'(the Scriptures)이라 하면서 구약성경을 자주 인용했다. 그와 같은 호소는 곧 하나님에 대한 호소와 같은 것이었다. 그런데 그들이 인용한 구약의 책들 중에 어떤 책은 역사서라는 것을 명심해야 한다. 히브리서는 하나님의 말씀, 혹은 성령의 말씀인 구약의 구절을 계속 인용한다. 베드로는 바울의 서간을 구약의 문서들과 동일한 위치에 두었고(벧후 3:16), 바울은 모든 성경은 영감된 것이라고 말하였다(딤후 3:16).

우리는 보다 깊은 단계에 들어가 성경의 영감이 사용된 낱말에까지 확장된다고 말할 수 있다. 성경이 축자적(逐字的)으로(verbally) 영감되었다고 해서 기계적으로 영감되었다는 말은 아니다. 축자적 영감교리는 완전히 성경에 근거한 교리이다. 주님께서 모세와 여호수아에게 기록할 것을 실제로 일러주셨다는 사실을 우리는 여러 곳에서 찾아 볼 수 있다(레 3:, 4:, 6:1, 24, 7:22, 28, 수 1:1, 4:1, 6:2). 선지자들은, 여호와께서 그의 말씀을 자기들의 입술에 드시고(렘 1:9), 그의 말씀을 백성에게 전하도록 지도하신다고 한다(겔 3:4, 10-11). 사도 바울은 여호와의 말씀을 성령이 가르치신 말씀이라고 도현했고(고전 2:13), 바울과 예수님은 한 개의 낱말을 가지고 이론을 펴셨음을 본다(마 22:43-45, 요 10:35, 갈 3:16).

5. 성경의 완전성

개혁주의 학자들은 로마 카톨릭과 일부 신교 종파와 반대되는 성경 영감론을 택한다. 로마 카톨릭은 성경의 권위를 교회에 두었는데 반하여, 개혁주의는 성경의 권위가 영감된 하나님 말씀 자체에 있다고 주장한다. 개혁주의자들은 교회가 성경의 절대적 필요성을 인정치 않는다는 로마 카톨릭의 주장에 반대하며, 하나님 백성의 마음 속에 역사하는 성령의 내적 조명이나 성령의 말씀을 성경보다 높이는 개혁파 일부 종파들의 견해에도 반대하여, 은혜의 신적(神的) 방편으로서의 성경의 필요성을 주장한다. 또 그들은 로마 카톨릭과는 반대로 성경의 명백성을 옹호한다. 또 그들은 성경에는 인간이 이해하기에 너무 심오한 신비로운 진리들을 포함하고 있음을 부인하지 않으면서 구원에 필요한 지식은 성경 어디에서나 동일하게 분명하지는 않지만 단순한 방법으로 전달된 것이므로 구원을 열망하는 자라면 누구나 교회나 성직자의 해석에 의존치 않고 스스로 이 구원의 지식을 얻을 수 있다고 주장한다. 끝으로 개혁주의자들은 또한 성경의 충족성을 옹호했으므로, 로마 카톨릭의 유전의 필요성과 재침례파의 내적 조명의 필요성을 부인했다.

참고할 성구

01 성경의 영감

고전 2:13
"우리가 이것을 말하거니와 사람의 지혜의 가르친 말로 아니하고 오직 성령의 가르치신 것으로 하니 신령한 일은 신령한 것으로 분별하느니라"

살전 2:13
"이러므로 우리가 하나님께 쉬지 않고 감사함은 너희가 우리에게 들은 바 하나님의 말씀을 받을 때에 사람의 말로 아니하고 하나님의 말씀으로 받음이니 진실로 그러하다 이 말씀이 또한 너희 믿는 자 속에서 역사하느니라"

딤후 3:16
"모든 성경은 하나님의 감동으로 된 것으로 교훈과 책망과 바르게 함과 의로 교육하기에 유익하니"

02 성경의 권위

사 8:20
"마땅히 율법과 증거의 말씀을 좇을지니 그들의 말하는 바가 이 말씀에 맞지 아니하면 그들이 정녕히 아침 빛을 보지 못하고"

03 성경의 필요성

딤후 3:15
"또 네가 어려서부터 성경을 알았나니 성경은 능히 너로 하여금 그리스도 예수 안에 있는 믿음으로 말미암아 구원에 이르는 지혜가 있게 하느니라"

04 성경의 명백성

시 19:7
"여호와의 율법은 완전하여 영혼을 소성케 하고 여호와의 증거는 확실하여 우둔한 자로 지혜롭게 하며"

시 119:105, 130
"주의 말씀은 내 발에 등이요 내 길에 빛이니이다… 주의 말씀을 열므로 우둔한 자에게 비취어 깨닫게 하나이다"

05 성경의 충족성

시 19:6
"하늘 이 끝에서 나와서 하늘 저 끝까지 운행함이여 그 온기에서 피하여 숨은 자 없도다"

시 119:105
"주의 말씀은 내 발에 등이요 내 길에 빛이니이다"

연구할 말씀

① 인간의 전통은 권위가 있는가?
마 5:21-48, 15:3-5, 막 7:7, 골 2:8, 딛 1:14, 벧후 1:18

② 선지자들은 항상 그들의 기록한 것들을 완전히 이해했는가?
단 8:15, 12:8, 슥 1:7, 벧전 1:11

③ 성경의 영감의 실제적 가치는 무엇인가?
딤후 3:16

복습 문제

1. 특별계시와 성경과의 관계는 어떤가?
2. 특별계시와 성경을 동일시 할 수 있는가?
3. 성경의 영감에 대한 성경적 증거를 제시하라.
4. 기계적 영감설과 동력적 영감설이란 무엇인가?
5. 유기적 영감설을 설명해 보라,
6. 사상은 영감되었으나 언어는 영감되지 않았다는 견해에 대하여 어떻게 생각하는가?
7. 성경의 모든 부분이, 그리고 모든 낱말까지도 영감되었다는 사실을 증명할 수 있는가?
8. 성경의 권위, 필요성, 명백성, 그리고 충족성에 대한 로마 카톨릭과 개혁주의자의 의견의 차이는 무엇인가?

A Summary of Christian Doctrine

2부 신론

4. 하나님의 본질
5. 하나님의 명칭
6. 하나님의 속성
7. 삼위일체
8. 하나님의 작정
9. 창조
10. 섭리

4장
• 하나님의 존재 •
하나님의 본질

1. 하나님에 관한 지식

하나님을 아는 가능성은 덫 가지 사실에 의해 부인되어 왔다. 그러나 인간이 하나님을 완전히 알 수 없음은 사실이다. 그렇다고 인간이 하나님에 관한 어떠한 지식도 가질 수 없다는 말은 아니다. 인간은 하나님을 단지 부분적으로 알 수 있으니 그나마 인간 자신의 능력에만 맡겨두면 인간은 하나님을 발견할 수도 없게 될 것이다.

(1) 선천적 지식(Innate Knowledge)

인간은 하나님에 관한 선천적 지식을 갖는다. 그렇다고 하나님의 형상대로 지음받은 인간이 하나님을 알만한 자연적인 능력을 소유했다는 말은 아니다. 또한 인간이 나면서부터 하나님에 관한 어떤 지식을 세상에 가지고 태어났다는 것도 아니다. 이것은 단지 정상적인 상태하에서 인간에게 하나님에 관한 일정한 지식이 자연히 생겨났다는 것을 의미하는 것이다. 물론 이 지식은 일반적 성질의 지식인 것이다.

(2) 후천적 지식(Acquired Knowledge)

인간은 하나님에 관한 선천적 지식을 가질 뿐 아니라, 하나님의 일반계시와 특별계시를 통하여 배움으로 하나님에 관한 지식을 획득한다. 이 지식은 인간편의 노력없이 얻어지는 것이 아니라, 하나님 지식에 대한 인간의 의식적이고 계속적인 추구의 결과인 것이다. 이 후천적인 지식은 다만 인간이 하나님을 알 수 있는 능력을 가지고 태어나기 때문에 가능해진다. 그리고 이 지식은 인간으로 하여금 하나님에 관한 선천적 지식의 영역을 넘어서게 한다.

2. 특별계시에 나타난 하나님에 관한 지식

하나님을 정의하기란 불가능하지만, 하나님의 존재에 대한 일반적인 서술은 가능하다. 아마 하나님을 무한한 완전성을 지니신 순수한 영이시라고 말하는 것이 가장 적합할 것이다. 이러한 서술방법은 다음과 같은 요소들을 내포하고 있다.

(1) 하나님은 순수한 영(靈)이시다

성경은 하나님에 관해 정의를 내리려 하지 않는다. 그러나 우리는 사마리아 여인에게 하신 대한 예수님의 말씀 곧 "하나님은 영이시다"에서 하나님에 관한 정의에 가장 가까운 표현을 찾을 수 있다. 이 말은 하나님이 본질적으로 영(靈)이시며, 영의 완전한 관념에 속하는 모든 특질들이 하나님 안에 있다는 것이다. 하나님이 순수한 영이시라는 사실은 하나님은 어떤 종류의 육체를 가지셨거나 인간의 눈으로 볼 수 있는 분이라는 개념을 부인한다.

(2) 하나님은 인격적이시다

하나님이 영이시라는 사실은 그의 인격성을 뜻한다. 왜냐하면 영이란 지적이고 도덕적인 존재이기 때문이다. 그리고 우리가 하나님을 인격적 존재라고 말할 때, 하나님이 자신의 생활과정을 결정하실 수 있는 이성적 존재임을 의미하는 것이다. 오늘날 많은 사람들이 하나님의 인격성을 부인하고 하나님을 비인격적 힘 또는 세력으로 안다.

그러나 성경의 하나님은 인간들과 교제할 수 있고, 인간들이 의지할 수 있고, 인간들의 생활 속에 들어와 인간의 어려움을 도우시는 인격적인 하나님이시다. 더욱이 하나님은 예수 그리스도 안에서 자신을 인격적 존재로 나타내셨다.

(3) 하나님은 무한히 완전하시다

하나님은 무한한 완전성으로 말미암아 모든 피조물과 구별되신다. 하나님은 그의 존재하심과 선하심에 있어서 제한을 받지 않으시며 완전하시다. 하나님은 한계나 제한이 없으실 뿐 아니라, 도덕적 완전성과 영광스런 존엄으로 모든 피조물 위에 뛰어나신 분이시다. 이스라엘 자손들은 홍해를 건넌 후에 하나님의 위대하심을 노래했다. "여호와여 신(神) 중에 주(主)와 같은 자 누구니이까? 주와 같이 거룩함에 영광스러우며, 찬송할 만한 위엄이 있으며, 기이한 일을 행하는 자 누구니이까?"(출 15:11). 오늘날 어떤 철학자들은 하나님을 유한하시며, 발전적이시며, 투쟁도 하시며, 고난당하시며, 인간과 같이 실패와 승리를 경험하시는 분으로 추론하나 비성경적이다.

(4) 하나님과 그의 완전성은 동일하시다

단순성이란 하나님의 근본적인 특성 중의 하나인데, 이것은 하나님이 이질적(異質的)인 요소(要素)들로 이루어지신 분이 아니시며, 그의 존재하심과 속성이 동일하시다는 것을 의미하는 것이다. 하나님의 완전성은 인간에게 계시해 주신 하나님 자신을 말하는 것이다. 하나님의 완전성은 단순히 하나님의 존재를 뜻하는 것이다. 왜냐하면 하나님은 진리시며, 생명이시며, 빛이시며, 사랑이시며, 의로우신 분이심을 성경이 증거해 주기 때문이다.

참고할 성구

01 하나님에 관한 지식

요일 5:20
"또 아는 것은 하나님의 아들이 이르러 우리에게 지각을 주사 우리로 참된 자를 알게 하신 것과 또한 우리가 참된 자 곧 그의 아들 예수 그리스도 안에 있는 것이니 그는 참 하나님이시요 영생이시라"

요 17:3
"영생은 곧 유일하신 참 하나님과 그의 보내신 자 예수 그리스도를 아는 것이니이다"

02 하나님은 영이시다

요 4:24
"하나님은 영이시니 예배하는 자가 신령과 진정으로 예배할지니라"

딤전 6:16
"오직 그에게만 죽지 아니함이 있고 가까이 가지 못할 빛에 거하시고 아무 사람도 보지 못하였고 또 볼 수 없는 자시니 그에게 존귀와 영원한 능력을 돌릴지어다 아멘"

03 하나님은 인격이시다

말 2:10
"우리는 한 아버지를 가지지 아니하였느냐 한 하나님의 지으신 바가 아니냐 어찌하여 우리 각 사람이 자기 형제에게 궤사를 행하여 우리 열조의 언약을 욕되게 하느냐"

요 14:9
"…나를 본 자는 아버지를 보았거늘 어찌하여 아버지를 보이라 하느냐"

04 하나님은 무한히 완전하시다

출 15:11
"여호와여 신 중에 주와 같은 자 누구니이까 주와 같이 거룩함에 영광스러우며 찬송할 만한 위엄이 있으며 기이한 일을 행하는 자 누구니이까"

시 147:5
"우리 주는 광대하시며 능력이 많으시며 그 지혜가 무궁하시도다"

연구할 말씀

① 하나님에 관한 지식을 가질 수 있는가? 반증하라
욥 11:7, 26:14, 36:26

② 하나님이 영이시며 육체가 없으시다면 다음의 성구는 무엇을 말하는가?
시 4:6, 17:2, 18:6, 8-9, 31:5, 44:3, 47:8, 48:10

③ 하나님의 인격성에 대하여 다음의 성구들은 무엇이라고 말하는가?
창 1:1, 신 1:34-35, 왕상 8:23-26, 욥 38:1, 시 21:7, 50:6, 103:3-5, 마 5:9, 롬 12:1

복습 문제

1. 어떤 의미에서 하나님을 알 수 있고, 또 어떤 의미에서 하나님을 알 수 없는가?
2. 하나님에 대한 선천적 지식과 후천적 지식의 차이점은?
3. 하나님을 정의할 수 있는가? 하나님을 어떻게 설명할 수 있는가?
4. 하나님을 영이라고 할 때 무슨 뜻인가?
5. 하나님을 인격적이라고 할 때 무엇을 뜻하는가?
6. 하나님의 인격성을 증명할 수 있는가?
7. 하나님을 무한하시다고 함은 어떤 뜻인가?
8. 하나님의 존재와 완전성은 어떤 관계가 있는가?

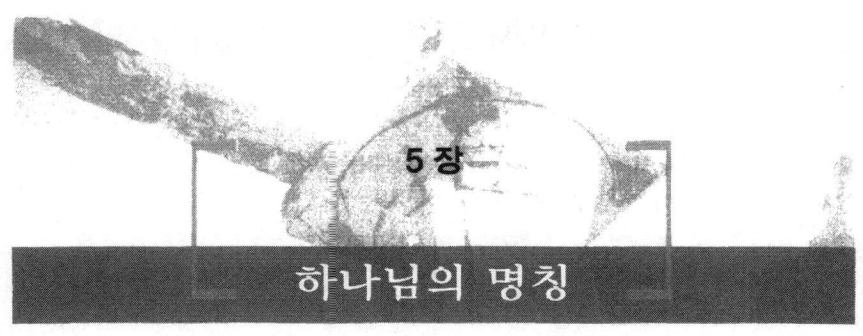

5장 하나님의 명칭

하나님께서는 사람과 사물에 명칭을 붙이셨는데, 그 명칭들은 의미를 가지며, 사람과 사물의 본성을 밝혀주는 명칭들이다. 이런 의미는 하나님께서 자신에게 붙이신 명칭에도 적용된다. 성경은 하나님의 명칭을 단수로 가끔 말하는데, 그런 경우에 그 명칭은 일반적으로 특별히 그의 백성과의 관계에서(출 20:7, 시 113:3) 하나님을 표명하는 칭호이며, 또는 단순히 하나님 자신을 나타낸다(잠 18:10, 사 50:10). 하나님의 하나의 일반적인 명칭은 다면적 존재성을 표현해 주는 여러 개의 특수한 명칭들로 나누인다. 이러한 명칭들은 인간이 조작해낸 용어가 아니라, 하나님 자신에 의해 주어진 명칭이다.

1. 구약에 나타난 명칭

구약 명칭들 중 어떤 것들은 하나님이 지고(至高)하신 분임을 나타낸다.

엘(El)과 엘로힘(Elohim)은 하나님이 강하고 능력이 있으신 분으로 마땅히 경외의 대상임을 지적해 주며, 엘욘(Elyon)은 숭고한 자 즉 숭배와 예배의 대상으로서 하나님의 지고성(至高性)을 지시해 주고, 아도나이(Adonai)는 항상 모든 인간의 소유주와 지배자인 '주'를 뜻한다.

또 다른 명칭들은 하나님이 그의 피조물과 우호적 관계에 들어간다는 것을 표현해 준다. 족장들이 부르던 명칭은 하나님의 위대성을 강조하는 '샤다이' 또는 '엘 샤다이' 라는 명칭인데, 이는 자기 백성의 위안과 축복의 근원되신 하나님을 강조하신 명칭이다. 이 명칭은 하나님이 자연력을 지배하시고, 그들로 하여금 자신의 목적에 이바지 하도록 역사하심을 말해준다. 그러나 유대인들에 의해 신성시되던 하나님의 가장 존엄한 명칭은 '야웨'인데, 이 명칭의 기원과 의미는 출애굽기 3장 14-15절에 나타나 있다. 이 명칭은 하나님이 항상 동일하시며, 특별히 그의 언약 관계에서 불변하시며, 그의 약속성취에 있어 신실하심을 말해준다. 또 이 명칭은 가끔 '만군의 여호와'라는 강한 형태로 나타나기도 하는데, 이는 천군천사에 의해 둘러싸인 영광의 왕되신 여호와를 묘사한 것이다.

2. 신약에 나타난 명칭

신약의 명칭은 구약명칭들을 헬라어로 표시한 것뿐이다.

(1) 하나님(Theos)

이는 단순히 하나님을 가리키는 용어로서 신약에 나타난 가장 보편적인 명칭이다. 이 명칭은 자주 '나의 하나님' '당신의 하나님' '우리의 하나님' '당신들의 하나님' 등과 같이 소유격으로 표시된다. 하나님은 그리스도 안에서 그의 자녀들 개개인의 하나님이시다. 이런 개인적인 형태는 구약의 보편적인 명칭인 '이스라엘의 하나님' 이라는 국가적 형태를 대신한 것이다.

(2) 주(主, Kurios)

이 명칭은 하나님을 나타낼 뿐 아니라 그리스도를 말하는 '주님'을 지칭하는 말이다. 이 명칭은 의미상으로 볼 때 '아도나이'에 가깝지만, 아도나이와 여호와의 양면적인 용어로서, 만물의 소유주요 특히 그의 백성의 소유주이시며 지배자이신 하나님을 지칭하는 용어이다.

(3) 아버지(Pater)

이 명칭은 신약에서 새로운 명칭으로 소개됐다고 말하기도 한다. 그러나 그렇지 않다. 왜냐하면 '파텔'이라는 명칭 역시 이스라엘을 대하시는 하나님의 특별한 관계를 표현하기 위하여 구약에서도 사용되었기 때문이다(신 32:6, 사 63:16). 신약의 이 명칭은 신약에서 모든 신자들의 아버지 되시는 하나님을 지칭하므로 보다 개인적인 명칭인 것이다. 어떤 때는 이 명칭이 만물의 창조주 되신 하나님을 지칭하기도 하며(고전 8:6, 엡 3:14, 히 12:9, 약 1:17), 또 그리스도의 아버지 되시는 삼위의 제 일위를 지칭하기도 한다(요 14:11, 17:1).

참고할 성구

① 하나님의 일반적 명칭

출 20:7
"너는 너의 하나님 여호와의 이름을 망령되이 일컫지 말라 나 여호와는 나의 이름을 망령되이 일컫는 자를 죄 없다 하지 아니하리라"

시 8:1
"여호와 우리 주여 주의 이름이 온 땅에 어찌 그리 아름다운지요 주의 영광을 하늘 위에 두셨나이다"

② 하나님의 특별한 명칭

창 1:1
"태초에 하나님(엘로힘)이 천지를 창조하시니라"

출 6:3
"내가 아브라함과 이삭과 야곱에게 전능의 하나님(엘 샤다이)으로 나타났으나 나의 이름을 여호와로는 그들에게 알리지 아니하였고"

시 86:8
"주(아도나이)여 신들 중에 주와 같은 자 없사오며 주의 행사와 같음도 없나이다"

말 3:6
"나 여호와는 변역지 아니하나니 그러므로 야곱의 자손들아 너희가 소멸되지 아니하느니라"

마 6:9
"그러므로 너희는 이렇게 기도하라 하늘에 계신 우리 아버지여 이름이 거룩히 여김을 받으시오며"

계 4:8
"…거룩하다 거룩하다 거룩하다 주(큐리오스) 하나님 곧 전능하신 이여 전에도 계셨고 이제도 계시고 장차 오실 자라 하고"

연구할 말씀

① 출애굽기 3장 13-16절에 나타난 여호와의 명칭은 무엇을 나타내는가?

② 족장시대에 하나님의 명칭은 무엇이었는가?
창 17:1, 28:3, 35:11, 43:14, 48:3, 49:25, 출 6:3

③ 하나님께 어떤 명칭을 붙일 수 있는가?
사 43:3, 15, 44:6, 암 4:13, 눅 1:78, 고후 1:3, 11:31, 약 1:17, 히 12:9, 계 1:8, 17

복습 문제

1. 성경이 하나님의 이름을 단수로 표현할 때 그것은 무엇을 뜻하는가?
2. 하나님의 특수한 명칭들은 사람이 만들어 낸 것인가?
3. 구약에 나타난 하나님의 이름을 크게 두 가지로 나누면 무엇 무엇인가?
4. 엘로힘, 여호와, 아도나이, 엘 샤다이의 뜻을 말하라.
5. 구약에서 아버지란 이름은 항상 하나님에게 적용되었나?
6. 아버지란 말이 신약에서는 어떤 다른 의미로 사용되었나?

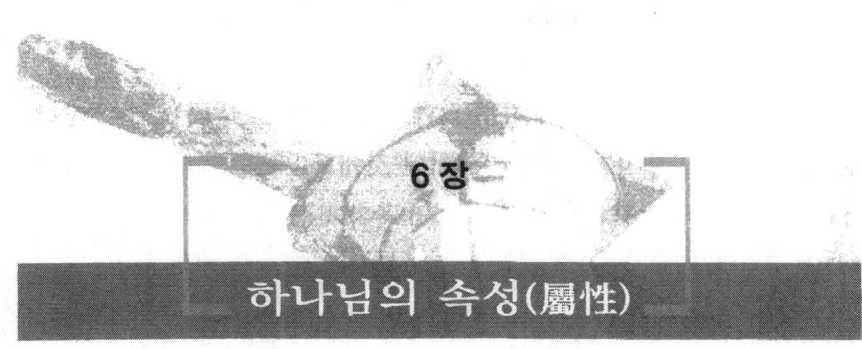

6장
하나님의 속성(屬性)

하나님께서는 자기 자신을 그의 명칭 가운데 계시하실 뿐 아니라, 그의 속성 즉 신적(神的) 존재의 완전성 가운데서 자기 자신을 계시하신다. 이 하나님의 속성은 비공유적(절대적) 속성과 공유적(보편적) 속성으로 구별되는데, 비공유적 속성은 피조물에게서는 그 흔적도 찾아 볼 수 없으나, 공유적 속성은 피조물에게서도 찾아 볼 수 있는 속성이다.

1. 절대적 속성(非共有的 屬性)

절대적 속성(비공유적 속성)은 하나님과 피조물이 절대적으로 구별됨을 강조하는데 다음과 같은 속성들이 있다.

(1) 하나님의 독립성(자존성, 自存性)

이 속성은 하나님께서 자기 자신 안에서 자신의 존재의 기반을 가지시며, 인간과는 달리 자기 자신 외에 어떤 것에도 의존하시지 않으신다는 것을 의미하는 것이다. 하나님은 그의 존재하심에 있어서 독립적이시며 그의 모든 덕과 행위에 있어서 독립적이시므로 모든 피조물로 하여금 자신을 의존하도록 하신다. 이런 개념은 여호와라는 명칭 가운데서 구체적으로 나타났는데, 다음 성구에 명백히 표현되어 있다(시 33:11, 115:3, 사 40:18, 단 4:35, 요 5:26, 롬 11:33-36, 행 17:25, 계 4:11).

(2) 하나님의 불변성(不變性)

성경은 하나님께서 불변하신 분이심을 가르쳐 준다. 하나님은 그의 신적 존재와 자신의 완전성에 있어서 영원히 동일하시며, 자신의 목적과 약속에 있어서도 언제나 동일하신 분이시다(민 23:19, 시 33:11, 102:27, 말 3:6, 히 6:17, 약 1:17). 그렇다고 해서 하나님이 활동하시지 않으시는 분이심을 뜻하는 것은 아니다. 성경은 말하기를 하나님은 왕래하시며, 자신을 숨기기도 하시며, 나타내기도 하시는 분이시라 한다. 하나님은 후회하시기도 한다고 하지만, 이 말은 단지 하나님에 대해 인간적 화법(話法)으로 표현한 것뿐이므로(출 32:4, 욘 3:10), 실제로는 인간 편에서의 변화를 지적하는 것이다.

(3) 하나님의 무한성(無限性)

이 속성은 하나님이 제한을 받지 않으시는 분이심을 의미한다. 우리는 하나님의 무한성에 대해 몇 가지 면을 말할 수 있다.

a. 절대적 완전성

하나님의 존재와 관련시켜 하나님의 무한성을 생각할 때, 절대적 완전성이라 부른다. 하나님은 그의 지식과 지혜에 있어서나, 그의 선과 사랑에 있어서나, 그의 의와 거룩하심에 있어서 제한을 받지 않으신다(욥 11:7-10, 시 145:3).

b. 영원성

하나님의 무한성을 시간과 관련시켜 말할 때, 하나님의 영원성이라 부른다. 영원이란 성경에서 항상 끝없는 기간으로 표현되지만(시 90:2, 102:12), 실제로는 하나님께서는 시간을 초월하시므로 시간의 제한을 받지 않으신다는 것을 의미하는 것이다. 하나님에게는 과거나 미래는 없고, 영원한 현재만 있을 뿐이다.

c. 무변성(無邊性)

하나님의 무한성을 공간과 관련시켜 말할 때, 하나님의 무변성(편재성)이라 부른다. 하나님께서는 어느 곳에든지 존재하시며, 모든 공간을 채우시면서, 모든 피조물 가운데 거하시지만, 결코 공간에 의해 제한을 받지 않으신다(왕상 8:27, 시 139:7-10, 사 66:1, 렘 23:23, 24, 행 17:27-28).

(4) 단일성(단순성)

하나님의 단순성이란 하나님께서는 영과 육으로 형성된 것처럼 여러 부분의 성질로 이루어지신 분이 아니시므로, 나누이지 않으시는 분임을 의미한다. 그렇다고 삼위란 하나님의 본체가 여러 부분의 본질로 구성되어진 것이라는 말이 아니다. 하나님의 완전한 존재는 각 위(位)에 종속된다. 그러므로 하나님과 그의 속성이 하나이요, 또 하나님은 생명이시며, 빛이시며, 사랑이시며, 의로우시며, 진리라고 할 수 있다.

2. 보편적 속성(共有的 屬性)

하나님의 보편적 속성(공유적 속성)은 인간에게서도 유사한 것을 찾아볼 수 있는 속성이다. 그러나 명심해야 할 것은 인간에게 있는 속성은 다만 유한하며, 하나님의 무한하고 완전한 속성에 비할 때 불완전한 속성이라는 것이다.

(1) 하나님의 지식(知識)

하나님의 지식이란, 하나님의 독특한 방법으로 그 자신을 아시며, 가능성 있는 일과 실재하고 있는 일을 다 아시는 그의 완전성이라고 정의할 수 있다. 하나님께서는 자기 자신 안에 이러한 지식을 소유하고 계시므로 외부로부터 이러한 지식을 얻어 들이지 않으신다. 이 하나님의 지식은 완전하며 그의 지성 안에 항상 현존한다. 또 이 지식은 총포괄적이므로 전지(全知)라고 칭한다. 하나님은 과거, 현재, 미래의 모든 것을 아시며, 실제로 존재하는 것뿐만 아니라, 가능적인 모든 것까지도 아신다(왕상 8:29, 시 139:1-16, 사 46:10, 겔 11:5, 행 15:18, 요 21:17, 히 4:13).

(2) 하나님의 지혜(智慧)

하나님의 지혜는 그의 지식의 독특한 한 국면이다. 하나님의 지혜는 최고의 가치있는 목적을 설정하시고, 그 목적의 실현을 위해 최선의 방법을 택하시므로 자신의 지식을 나타내시는 그의 덕행이다. 하나님께서 모든 것을 다 이용하시는 궁극적인 목적은 자신의 영광을 위함이다(롬 11:33, 고전 2:7, 엡 1:6, 12, 14, 골 1:16).

(3) 하나님의 선(善)

하나님은 그 자신이 선이시다. 즉 완전히 거룩한 선이시다. 그러나 여기서 생각하려는 것은 선이 아니다. 여기서 생각하려는 것은 행동으로 나타내신 하나님의 선 곧 타자에 대한 선행에서 나타나는 신적인 선을 언급하려는 것이다. 하나님의 선이란 자신으로 하여금 모든 피조물을 친절하고 관대하게 취급하도록 자극시키시는 신적 완전성을 말한다(시 36:6, 104:21, 145:8-9, 16, 마 5:45, 행 14:17).

(4) 하나님의 사랑(愛)

이 속성은 하나님의 가장 중심적인 속성이라고 자주 불리는데, 과연 하나님의 다른 완전성보다 더 중심적인 속성으로 간주해야 할는지는 의문이다. 하나님께서는 이 사랑의 속성에 의해 자신의 완전성과 자기 형상의 반영체인 인간을 보고 즐거워하신다. 이 속성은 몇 가지 관점에서 고찰된다.

a. 은혜(grace)

죄를 용서하시므로 나타내시는 하나님의 과분한 사랑을 하나님의 은혜라고 부른다(엡 1:6-7, 2:7-9, 딛 2:11).

b. 자비(mercy)·긍휼(tender compassion)

죄의 결과를 짊어진 자들의 비참을 제거하려는 사랑을 하나님의 자비 또는 긍휼이라고 말할 수 있다(눅 1:54, 72, 78, 롬 15:9, 9:16, 18, 엡 2:4).

c. 오래 참으심(long suffering)

하나님의 교훈과 경고에 무관심한 죄인들을 용서해 주시는 하나님의 사랑을 하나님의 오래 참으심 또는 관용이라고 칭한다(롬 2:4, 9:22, 벧전

3:20, 벧후 3:15).

(5) 하나님의 거룩하심(聖)

하나님의 거룩성이란,

a. 모든 피조물들과 절대적으로 구별되시며, 무한한 존엄으로 모든 피조물을 초월하시는 신적 온전성이라 말할 수 있다(출 15:11, 사 57:15)

b. 하나님은 모든 도덕적 불순성이나 죄로부터 구별되시므로 도덕적으로 완전하심을 의미한다. 거룩하신 하나님 앞에 설 때 인간은 죄를 깊이 깨닫게 된다(욥 34:10, 사 6:5, 합 1:13)

(6) 하나님의 의(義)

하나님의 의(義)란 하나님이 자신의 거룩성에 위배되는 모든 것으로부터 자신을 거룩한 존재로 브존하시는 신적 완성이라 정의할 수 있다. 하나님께서는 그의 의(義)에 의해 세상을 도덕적으로 통치해 가시며 적당한 법을 인간에게 부과시키므로 순종하는 자를 보상하시며, 불순종하는 자를 벌하신다(시 99:4, 사 33:22, 롬 1:32).

a. 상 주시는 공의(公義)
보상을 줌으로 나타내시는 하나님의 공의를 말한다.

b. 벌 주시는 공의(公義)
벌을 내리심으로 나타내시는 하나님의 공의를 말한다.

상 주시는 공의는 실제로 하나님의 사랑의 표현이며, 벌 주시는 공의는 하나님의 진노를 표현함이다.

(7) 하나님의 진실성(眞實性)

하나님의 진실성이란 하나님이 그의 내적 존재하심에 있어서 참되시며, 그의 계시에 있어서 참되시며, 그의 백성과의 관계에 있어서 항상 참되심을 나타내시는 신적 완전성이라 할 수 있다. 하나님은 우상들과는 다른 참 신이시며, 존재하는 사물의 실상 그대로를 아시며, 그의 약속을 이행하심에 있어서 신실하시다. 이 속성을 약속 이행면에서 볼 때 이를 하나님의 신실성이라고 할 수 있다(민 23:19, 고전 1:9, 딤후 2:13, 히 10:23).

(8) 하나님의 주권(主權)

하나님의 주권은 두 가지 견지(주권적 의지와 주권적 능력)에서 고찰되어 질 수 있다.

a. 주권적 의지

하나님의 의지(意志)는 만물의 궁극적 원인으로 나타난다(엡 1:11, 계 4:11). 신명기 29장 29절에 보면 하나님의 의지는 감추어진 의지와 계시된 의지, 둘로 구별되어 있다. 감추어진 의지란 하나님 속에 감춰진 하나님의 섭리의 의지이며, 결과에 의해서만 알려질 수 있는 의지인데 반하여, 계시된 의지란 율법과 복음에서 보여주신 하나님의 교훈적 의지이다. 피조물들에 관계된 하나님의 의지는 절대적으로 자율적이시다(욥 11:10, 33:13, 시 115:3, 잠 21:1, 마 20:15, 롬 9:15-18, 계 4:11). 인간의 죄된 행위까지도 하나님의 주권적 의지 작용에 달려 있다(창 50:20, 행 2:23).

b. 전능(주권적 능력)

전능(주권적 능력)이란 하나님의 의지를 집행하시는 능력을 말한다. 하나님께서 전능하시다 함은 하나님께서 무엇이든지 모든 것을 하실 수 있다는 것을 의미하는 것은 아니다. 성경은 하나님이 하실 수 없는 것들이 있다고 가르쳐 준다. 즉 하나님은 거짓말을 하실 수 없으시며, 죄를 지으실 수 없으시며, 자산을 부인하실 수도 없으시다(민 23:19, 삼상 15:29, 딤후 2:13, 히 6:18, 약 1:13, 17). 그러므로 이것은 하나님께서 성취하기로 결정하셨던 것이면 무엇이든지 그의 뜻을 따라 수행하실 수 있다는 것을 의미하는 것이며, 그가 원하시면 그 이상으로 행하실 수 있다는 것을 의미하는 것이다(창 18:14, 렘 32:27, 슥 8:6, 마 3:9, 26:53).

참고할 성구

01 절대적(비공유적) 속성

요 5:26(독립성)
"아버지께서 자기 속에 생명이 있음같이 아들에게도 생명을 주어 그 속에 있게 하셨고"

말 3:6(불변성)
"나 여호와는 변역치 아니하나니 그러므로 야곱의 자손들아 너희가 소멸되지 아니하느니라"

약 1:17
"각양 좋은 은사와 온전한 선물이 다 위로부터 빛들의 아버지께로서 내려오나니 그는 변함도 없으시고 회전하는 그림자도 없으시니라"

시 90:2(영원성)
"산이 생기기 전 땅과 세계도 주께서 조성하시기 전 곧 영원부터 영원까지 주는 하나님이시니이다"

시 102:27
"주는 여상하시고 주의 연대는 무궁하리이다"

시 139:7-10(편재성)
"내가 주의 신을 떠나 어디로 가며 주의 앞에서 어디로 피하리이까 내가 하늘에 올라갈지라도 거기 계시며 음부에 내 자리를 펼지라도 거기 계시니이다 내가 새벽 날개를 치며 바다 끝에 가서 거할지라도 곧 거기서도 주의 손이 나를 인도하시며 주의 오른 손이 나를 붙드시리이다"

렘 23:23-24
"나 여호와가 말하노라 나는 가까운 데 하나님이요 먼 데 하나님은 아니냐 나 여호와가 말하노라 사람이 내게 보이지 아니하려고 누가 자기를 은밀한 곳에 숨길 수 있겠느냐 나 여호와가 말하노라 나는 천지에 충만하지 아니하냐"

02 보편적(공유적) 속성

요 21:17(전지)
"…주여 모든 것을 아시오매 내가 주를 사랑하는 줄을 주께서 아시나이다…"

히 4:13(전지)
"지으신 것이 하나라도 그 앞에 나타나지 않음이 없고 오직 만물이 우리를 상관하시는 자의 눈앞에 벌거벗은 것같이 드러나느니라"

시 104:24(지혜)
"여호와여 주의 하신 일이 어찌 그리 많은지요 주께서 지혜로 저희를 다 지으셨으니 주의 부요가 땅에 가득하니이다"

시 86:5(선)
"주는 선하사 사유하기를 즐기시며 주께 부르짖는 자에게 인자함이 후하심이니이다"

시 118:29(선)
"여호와께 감사하라 그는 선하시며 그 인자하심이 영원함이로다"

요 3:16(사랑)
"하나님이 세상을 이처럼 사랑하사 독생자를 주셨으니 이는 저를 믿는 자마다 멸망치 않고 영생을 얻게 하려 하심이니라"

느 9:17(은혜)
"…오직 주는 사유하시는 하나님이시라 은혜로우시며 긍휼히 여기시며 더디 노하시며 인자가 풍부하시므로 저희를 버리지 아니하셨나이다"

롬 9:18(자비)
"그런즉 하나님께서 하고자 하시는 자를 긍휼히 여기시고 하고자 하시는 자를 강퍅케 하시느니라"

엡 2:4-5
"긍휼에 풍성하신 하나님이 우리를 사랑하신 그 큰 사랑을 인하여 허물로 죽은 우리를 그리스도와 함께 살리셨고(너희가 은혜로 구원을 얻은 것이라)"

민 14:18(오래 참으심)
"여호와는 노하기를 더디하고 인자가 많아 죄악과 과실을 사하나 형벌받을 자는 결단코 사하지 아니하고 아비의 죄악을 자식에게 갚아 삼사대까지 이르게 하리라 하셨나이다"

롬 2:4
"혹 네가 하나님의 인자하심이 너를 인도하여 회개케 하심을 알지 못하여 그의 인자하심과 용납하심과 길이 참으심의 풍성함을 멸시하느뇨"

출 15:11(거룩)
"여호와여 신 중에 주와 같은 자 누구니이까 주와 같이 거룩함에 영광스러우며 찬송할 만한 위엄이 있으며 기이한 일을 행하는 자 누구니이까"

사 6:3
"서로 창화하여 가로되 거룩하다 거룩하다 거룩하다 만군의 여호와여 그 영광이 온 땅에 충만하도다"

시 89:14(의)
"의와 공의가 주의 보좌의 기초라 인자함과 진실함이 주를 앞서 행하나이다"

시 145:17
"여호와께서는 그 모든 행위에 의로우시며 그 모든 행사에 은혜로우시도다"

벧전 1:17
"외모로 보시지 않고 각 사람의 행위대로 판단하시는 자를 너희가 아버지라 부른즉 너희의 나그네로 있을 때를 두려움으로 지내라"

민 23:19(신실성)
"하나님은 인생이 아니시니 식언치 않으시고 인자가 아니시니 후회가 없으시도다 어찌 그 말씀하신 바를 행치 않으시며 하신 말씀을 실행치 않으시랴"

딤후 2:13
"우리는 미쁨이 없을지라도 주는 일향 미쁘시니 자기를 부인하실 수 없으시리라"

엡 1:11(주권)
"모든 일을 그 마음의 원대로 역사하시는 자의 뜻을 따라 우리가 예정을 입어 그 안에서 기업이 되었으니"

계 4:11
"우리 주 하나님이여 영광과 존귀와 능력을 받으시는 것이 합당하오니 주께서 만물을 지으신지라 만물이 주의 뜻대로 있었고 또 지으심을 받았나이다 하더라"

신 29:29(의지)
"오묘한 일은 우리 하나님 여호와께 속하였거니와 나타난 일은 영구히 우리와 우리 자손에게 속하였나니 이는 우리로 이 율법의 모든 말씀을 행하게 하심이니라"

욥 42:2(전능)
"주께서는 무소불능하시오며 무슨 경영이든지 못 이루실 것이 없는 줄 아오니"

마 19:26
"예수께서 저희를 보시며 가라사대 사람으로는 할 수 없으되 하나님으로서는 다 할 수 있느니라"

눅 1:37
"대저 하나님의 모든 말씀은 능치 못하심이 없느니라"

연구할 말씀

① 하나님과 그의 속성을 동일시 한 성구
렘 23:6, 히 12:29, 요일 1:5, 4:16

② 하나님께서는 어떻게 동시에 의로우시면서 죄인에 대해 은혜로우실 수 있는가?
슥 9:9, 롬 3:24-26

③ 하나님의 예지
삼상 23:10-13, 왕하 13:19, 시 81:13-15, 48:18, 렘 38:17-20, 겔 3:6, 마 11:21

복습 문제

1. 하나님의 속성을 어떻게 분류하는가?
2. 그 분류에 해당하는 하나님의 속성을 말하라.
3. 하나님의 독립성이란 무엇인가?
4. 하나님의 불변성이란 무엇인가?
5. 성경에 가끔 하나님이 변하신다고 말한 곳이 있는데 이를 어떻게 설명할 것인가?
6. 하나님의 무한성과 무변성(편재성)이란 무엇인가?
7. 하나님의 단순성은 무엇이며 어떻게 증명할 수 있는가?
8. 하나님의 지식의 성격과 범위를 말하라.
9. 하나님의 지식과 지혜는 어떤 관계가 있는가?
10. 하나님의 사랑이 다른 속성들보다 더 중심적이라 할 수 있는가?
11. 하나님의 거룩하심이란 무엇인가?
12. 하나님의 의는 어떻게 나타나는가?
13. 하나님의 의지를 어떻게 나눌 수 있는가?
14. 하나님의 숨겨진 의사와 나타난 의사는 서로 모순될 때도 있는가?
15. 하나님은 전능하시므로 무엇이나 다 하실 수 있는가?

7장

삼위일체(三位一體)

1. 삼위일체의 교리 개관

(1) 이 교리의 진술

성경은 가르치기를 하나님은 본질상 한 분이시나 이 한 분 안에 성부, 성자, 성령이라 불리우는 삼위가 존재한다고 말한다. 이 삼위는 보편적 의미로서의 세 분이 아니다. 즉 그들은 세 개체가 아니라 오히려 신적 본질이 그 안에 존재하는 세 가지 양상이요 형태인 것이다. 동시에 이들은 서로 인격적 관계를 확립할 수 있는 성질을 각각 가지고 있다. 성부는 성자에게 말씀하실 수 있으며, 반대로 성자는 성부에게 말씀하실 수 있으며, 성부와 성자는 성령을 파송하실 수 있는 것이다.

    삼위일체 교리의 오묘한 신비는 삼위 중 각 위가 신적 본질의 완전성을 소유하고 있으며, 삼위의 테두리를 벗어나 밖에서 존재할 수 없다는 것이다. 그런데 존재의 순서에 있어서나 그들의 사역에 반영된 순서에서 볼 때 삼위 중 성부가 제1위요, 성자가 제2위요, 성령이 제3위라고 말할 수는 있지만, 이 삼위는 본질상 그 어느 한 위가 다른 위에 종속되는 일이 없다.

(2) 삼위일체 교리의 성경적 증명

a. 구약의 증거

구약에는 하나님에게 한 위 이상이 존재함을 지적해 주는 구절들이 있다. 하나님은 자신을 복수로 나타내시기도 했으며(창 1:26, 11:7), 여호와의 천사는 한 신적 위로 나타났으며(창 16:7-13, 18:1-21, 19:1-22), 여호와의 영도 또 다른 하나의 위로 표현되었다(사 48:16, 63:10). 이외에도 메시야에 대해 말하고 있으며 다른 두 인격에 대하여도 언급하고 있는 구절들이 있다(사 48:16, 61:1, 63:9-10).

b. 신약의 증거

계시의 진전으로 말미암아 신약은 더욱 명백한 증거들을 갖는다. 가장 유력한 증거는 구속의 사실에 잘 나타나 있다. 성부는 성자를 세상에 보내시고, 성자는 성령을 보내신다.

더욱 이에 대한 명백한 증거가 몇 개 있다. 즉 예수님의 명령(마 28:19)과 사도의 축복(고후 13:13)과 그 외 누가복음 3장 21-22절, 1장 35절, 고린도전서 12장 4-6절, 베드로전서 1장 2절에 잘 나타나 있다.

c. 삼위일체 교리에 대한 그릇된 견해

이 교리는 종교개혁시대에는 쏘시니안 학파들에 의해 부인되었고, 오늘날에는 유니테리안 파와 현대주의자들에 의해 논박을 받는데, 그들은 삼위일체를 성부 하나님과 인간 예수와 하나님의 영이라고 칭하는 신적 영향력이라는 그릇된 주장을 한다.

2. 삼위의 개별적 고찰

(1) 성부 하나님

'아버지' 란 말은 만물의 창조자(고전 8:6, 히 12:9, 약 1:17)요, 이스라엘의 아버지요(신 32:6, 사 63:16), 성도들의 아버지(마 5:45, 6:6, 9, 14, 롬 8:15) 되시는 삼위 하나님께 적용되는 말이다. 더 깊은 의미로 보면 성부란 말은 제 2위와의 관계를 표현하기 위해 삼위일체의 제 1위에 적용되는 용어이다(요 1:14, 18, 8:54, 14:12-13). 이것은 본래부터 아버지 격이므로 지상의 모든 아버지는 이것의 희미한 반영에 불과한 것이다. 성부의 독특한 특성은 그가 영원으로부터 성자를 낳으신다는 것이다. 특별히 그의 사역은 구속사업을 계획하시며, 창조하시며, 섭리하시며, 삼위일체를 구속의 계획 속에서 나타내는 일이다.

(2) 성자

삼위 중 제 2위는 성자 또는 하나님의 아들이라고 불리운다. 그러나 성자가 이러한 명칭을 가지게 된 것은 그가 성부의 독생자(요 1:14, 18, 3:16, 18, 갈 4:4)일 뿐 아니라 하나님의 선택된 메시야가 되기 때문이며(마 8:29, 26:63, 요 1:49, 11:27), 성령의 작용으로 말미암은 그의 특별한 탄생에 의한 것이다(눅 1:32, 35).

  삼위 중 제 2위인 성자의 특별한 특성은 그가 영원 전부터 성부에게서 출생했다는 것이다(시 2:7, 행 13:33, 히 1:5). 영원한 출생에 의해서 성부는 신적 존재에 있어 성자의 인격적 존재의 원인이 되신다. 특별히 성자의 사역은 중재의 사명이므로, 그는 창조의 사역을 중재하셨고(요 1:3,

10, 히 1:2-3), 또 구속의 사역도 중재하신다(엡 1:3-14).

(3) 성령

쏘시니안파와 유니테리안과와 현대주의자들은 성령을 단순한 하나님의 능력이나 영향력이라고 말하지만, 성령은 분명히 하나의 인격이라고 성경은 우리에게 가르쳐 주고 있다(요 14:16-17, 26, 15:26, 16:7-15, 롬 8:26). 성령은 지식(요 14:26)과 감정(사 63:10, 엡 4:30)과 의지(행 16:7, 고전 12:11)를 가지신다. 성경은 말하기를 성령이 말하시며, 탐구하시며, 증거하시며, 명령하시며, 계시하시며, 노력하시며, 중재하시는 분으로 표현한다. 또 그는 분명히 자신의 능력과는 구별되신다(눅 1:35, 4:14, 행 10:38, 고전 2:4). 성령의 특별한 특성은 그가 성부와 성자로부터 발생된다는 것이다(요 15:26, 16:7, 롬 8:9, 갈 4:6). 성령의 사명은 창조와 구속을 완성하는 것이라 할 수 있다(창 1:3, 욥 26:13, 눅 1:35, 요 3:34, 고전 12:4-11, 엡 2:22).

참고할 성구

01 삼위일체

사 61:1
"주 여호와의 신이 내게 임하셨으니 이는 여호와께서 내게 기름을 부으사 가난한 자에게 아름다운 소식을 전하게 하려 하심이라 나를 보내사 마음이 상한 자를 고치며 포로 된 자에게 자유를 갇힌 자에게 놓임을 전파하며"

마 28:19
"그러므로 너희는 가서 모든 족속으로 제자를 삼아 아버지와 아들과 성령의 이름으로 세례를 주고"

고후 13:13
"주 예수 그리스도의 은혜와 하나님의 사랑과 성령의 교통하심이 너희 무리와 함께 있을지어다"

02 영원한 출생

시 2:7
"내가 영을 전하노라 여호와께서 내게 이르시되 너는 내 아들이라 오늘날 내가 너를 낳았도다"

요 1:14
"말씀이 육신이 되어 우리 가운데 거하시매 우리가 그 영광을 보니 아버지의 독생자의 영광이요 은혜와 진리가 충만하더라"

03 성령의 발생

요 15:26
"내가 아버지께로서 너희에게 보낼 보혜사 곧 아버지께로서 나오시는 진리의 성령이 오실 때에 그가 나를 증거하실 것이요"

연구할 말씀

① 하나님의 일반적 아버지 격에 대하여
고전 8:6, 엡 3:14-15, 히 12:9, 약 1:17

② 성육신하신 성자의 신성(神性)을 증명할 수 있는가?
요 1:1, 20:28, 빌 2:6, 딛 2:13, 렘 23:5-6, 9:6, 요 1:3, 계 1:8, 골 1:17, 요 14:1, 고후 13:13

③ 성령의 인격성에 대한 증명
창 1:2, 6:3, 눅 12:12, 요 14:26, 15:26, 16:8, 행 8:29 13:2, 롬 8:11, 고전 2:10-11

④ 성령의 사역에 대하여
시 33:6, 104:30, 출 28:3, 벧후 1:21, 고전 3:16, 12:4

복습 문제

1. 하나님에게 세 개체가 계신가?
2. 하나님에게서 한 위는 다른 위게 종속되는가?
3. 구약에서 삼위일체를 증명할 수 있는가?
4. 삼위일체에 대한 가장 유력한 증명은 무엇인가?
5. 신약에서 삼위일체를 가장 잘 나타내는 구절은?
6. 하나님을 아버지로 표현할 때 어떤 의미들이 있는가?
7. 각 위에서 고유한 사역은 무엇인가?
8. 그리스도를 아들이라 부를 때 어떤 의미들이 있는가?
9. 각 위의 특성은 무엇인가?
10. 성령님도 인격이라고 증명할 수 있는가?

8장
하나님의 사역
하나님의 작정(作定)

1. 하나님의 작정의 일반적 의미

하나님의 작정이란 하나님께서 장차 발생할 모든 일들을 미리 정하시는 그의 영원하신 계획 혹은 영원하신 목적이라 정의할 수 있다. 이 하나님의 작정은 여러 가지 특성을 내포하고 있기 때문에 실질상은 단일한 작정이지만 우리는 가끔 하나님의 작정을 복수형으로 말하곤 한다. 하나님의 작정은 창조와 구속에 있어서 하나님의 모든 사역을 포함하며, 인간의 죄된 행위를 제외한 모든 행위를 내포한다.

그러나 하나님의 작정은 죄가 세상에 들어옴을 명백히 드러내 주지만 하나님을 우리 인간의 범죄행위의 책임자로 만들지는 않는다. 그러므로 죄와 관련된 하나님의 작정은 허용적인 작정이라 말할 수 있다.

(1) 하나님의 작정의 특성

하나님의 작정은 인간이 항상 이해할 수 없으므로 하나님의 지혜에 근거한 것이다(엡 3:9-11). 하나님의 작정은 영원 전에 형성된 것이므로 영원적이시다(엡 3:11). 하나님의 작정은 효과적이므로 작정 안에 있는 모든 것은 분명히 발생한다(사 46:10). 하나님의 작정은 불변적이다. 왜냐하면 하나님은 신실하시고 참되신 분이시기 때문이다(욥 23:13-14, 사 46:10, 눅 22:22). 하나님의 작정은 무조건적이다. 즉 하나님의 계획의 성취는 인간의 어떤 행위에 근거하지 않으시고 오히려 인간의 행위를 명백히 하신다. 하나님의 작정은 총포괄적이다. 하나님의 작정 안에 인간의 선악간의 행위(엡 2:10, 행 2:23)와 일어날 수 있는 모든 사건(창 50:20)과 인간 생명의 기간(욥 14:5, 시 39:4)과 거할 장소(행 17:26)까지 포함된다. 하나님의 작정이 세상에 들어온 죄와 관련지을 때는 허용적이다.

(2) 작정교리에 대한 반대설

많은 사람들이 작정교리를 믿지 못하는데, 특별히 다음의 세 가지 반대설을 생각코자 한다.

a. 인간의 도덕적 자유와 도순된다

그러나 성경은 하나님이 인간의 자유로운 행위를 작정하셨을 뿐만 아니라, 그래서 인간은 자유르우므로 자기 행위에 책임을 져야 한다고 명백히 가르쳐 준다(창 50:19-20, 행 2:23, 4:27-29). 우리는 이 양면을 함께 조화시킬 수는 없지만 그렇다고 해서 그것이 본래부터 모순되었다고 성경이 증명해 주지 않는다.

b. 인간으로 하여금 구원받으려는 노력을 게을리하게 한다

만일 하나님이 인간들의 구원 여부를 결정하셨다면, 인간들은 인간의 노력과 완전무관한 것이라고 느낄 수 있다고 주장하지만, 이는 그릇된 견해다. 왜냐하면 인간은 하나님이 자기에 관해 어떻게 작정하셨는지를 알지 못하기 때문이다. 더욱이 하나님은 인간의 최종적 운명을 결정하셨을 뿐만 아니라, 그 실현되어가는 방법까지 작정하신 것이다. 목적이란, 지정된 방법의 결과로서만 작정되어짐을 생각할 때, 하나님의 작정은 인간을 낙망케 하지 않고 오히려 더욱 격려시켜 준다.

c. 하나님을 죄의 조작자로 만든다

그러나 작정은 다만 하나님을 죄의 장본인들인 도덕적 존재자들의 창조자로 만들 뿐이라고 말할 수 있다. 죄가 작정 가운데 들어 있는 것만은 사실이지만, 하나님이 자신의 직접적 행위에 의해 죄를 산출하지는 않으셨다. 그러나 하나님이 죄와 관련된 문제 역시 인간으로서는 충분히 해결할 수 없는 신비로 남아있다고 보아야 마땅하다.

2. 예정(豫定)

예정이란 도덕적 피조물을 향한 하나님의 계획과 목적인 것이다. 예정 속에는 선인과 악인 즉 모든 인류, 천사와 마귀, 중보자이신 그리스도가 포함되어 있다.

(1) 선택

성경은 선택을 다음과 같은 몇 가지 면으로 말하고 있다.

① 하나님의 구약 백성인 이스라엘의 선택(신 4:37, 7:6-8, 10:15, 호 13:5).
② 특별한 직무와 특별한 봉사를 위한 인물의 선택(신 18:5, 삼상 10:24, 시 78:70). ③ 구원 받을 개개인의 선택(마 22:14, 롬 11:5, 엡 1:4). 이들 중 맨 마지막 것이 우리가 고찰하고자 하는 선택이다. 그러므로 선택이란 인류 중 얼마를 예수 그리스도 안에서 예수 그리스도로 말미암아 구원하려는 하나님의 영원한 목적이라고 정의할 수 있다.

(2) 유기(遺棄, 버리심)

선택교리는 하나님이 인생 전부를 다 구원하기로 예정하지 않으셨다는 것을 자연히 암시해 준다. 하나님께서 인생 중 일부만을 구원하시기로 목적하셨다는 말은 나머지는 자연히 구원치 않기로 목적하셨다는 것임을 알 수 있다. 이는 성경적 근거를 갖는다(마 11:25-26, 롬 9:13, 17-18, 21-22, 11:7-8, 벧후 2:9, 유 4). 유기란 하나님의 특별한 은혜의 작용 속에서 어떤 사람을 간과하시고, 그들의 죄를 따라 그들에게 벌하시려는 하나님의 영원한 목적이라 정의할 수 있다.

그러므로 유기는 실제로 이중적인 목적이 있으니 ① 구원의 은총을 베푸심에 있어 어떤 사람을 간과하시고 ② 그들의 죄를 따라 그들에게 벌하시려 함이다.

(3) 예정론에 대한 반대설

이 예정교리는 하나님으로 하여금 불공평의 책임을 지게 하는 것이라고 말하지만, 이것은 그릇된 견해이다. 우리 인간은 인간이 하나님에 대해 어떤 권리요청을 할 때나, 하나님께서 인간에게 영원한 구원을 베푸실 의무가 있다고 할 때만 불공평이란 말을 쓸 수 있는 것이다.

그러나 전 인류가 하나님의 축복을 상실해 버린 이 마당에서 상황은 아주 다른 것이다. 인간은 어느 누구도 하나님을 향해 왜 어떤 사람은 선택하고 나머지는 버리셨느냐에 대한 설명을 요청할 권리는 없다. 만일 하나님께서 한 사람도 구원치 않으셨다 해도 하나님은 절대적으로 공평하신 것이다.

참고할 성구

① 하나님의 작정

엡 1:11
"모든 일을 그 마음의 원대로 역사하시는 자의 뜻을 따라 우리가 예정을 입어 그 안에서 기업이 되었으니"

시 33:11
"여호와의 도모는 영영히 서고 그 심사는 대대에 이르리로다"

사 46:10
"내가 종말을 처음부터 고하며 아직 이루지 아니한 일을 옛적부터 보이고 이르기를 나의 모략이 설 것이니 내가 나의 모든 기뻐하는 것을 이루리라 하였노라"

② 예정

시 2:7
"내가 영을 전하노라 여호와께서 내게 이르시되 너는 내 아들이라 오늘날 내가 너를 낳았도다"

엡 1:4-5
"곧 창세 전에 그리스도 안에서 우리를 택하사 우리로 사랑 안에서 그 앞에 거룩하고 흠이 없게 하시려고 그 기쁘신 뜻대로 우리를 예정하사 예수 그리스도로 말미암아 자기의 아들들이 되게 하셨으니"

롬 11:5
"그런즉 이와 같이 이제도 은혜로 택하심을 따라 남은 자가 있느니라"

롬 9:13
"기록된 바 내가 야곱은 사랑하고 에서는 미워하였다 하심과 같으니라"

롬 9:18
"그런즉 하나님께서 하고자 하시는 자를 긍휼히 여기시고 하고자 하시는 자를 강퍅케 하시느니라"

연구할 말씀

① 예지와 미리 작정하심과 예정에 대하여
행 2:23, 롬 8:29, 11:2, 벧전 1:2

② 그리스도까지도 예정의 대상인가?
시 2:7, 사 42:1, 벧전 1:20, 2:4

③ 천사들도 예정의 대상인가?
딤전 5:21

복습 문제

1. 하나님의 작정이란 무엇인가?
2. 왜 작정들이라고 복수로 표현하기도 하는가?
3. 작정의 특성은 무엇인가?
4. 죄에 대한 하나님의 작정의 성격은 어떤가?
5. 작정교리에 대한 반대론은 무엇인가?
6. 그 반대론에 대한 답변은 무엇인가?
7 작정과 예정은 어떤 관계인가?
8. 예정의 대상은 무엇인가?
9. 천사와 그리스도에 대한 예정을 어떻게 받아들이는가?
10. 성경은 선택을 몇 가지로 말씀하는가?
11. 유기에 대한 작정도 증거가 있는가?
12. 예정교리는 하나님을 불공평하게 만드는가? 아니라면 어째서?

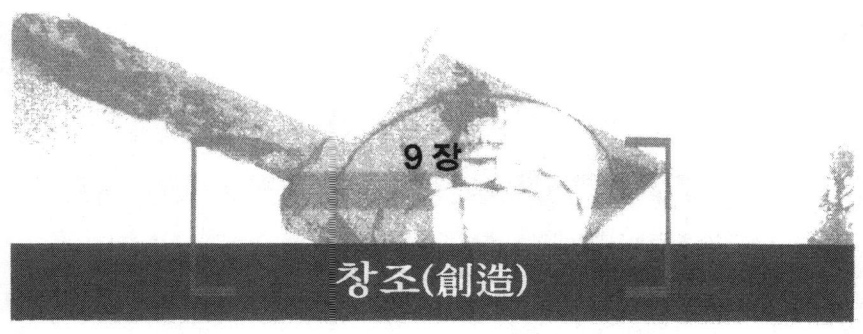

9장 창조(創造)

작정의 시행은 창조 사업부터 시작된다. 이 창조사업은 모든 계시의 시작이요, 기초이며 모든 종교생활의 근원인 것이다.

1. 창조에 관한 일반적 고찰

창조란 말은 성경에서 항상 동일한 의미로 사용되지는 않는다. 엄밀한 의미로 정의하자면 창조란 하나님께서 그의 영광을 나타내시기 위해 부분적으로는 먼저 있었던 물질을 사용치 않고 창조하시고, 한편으로는 본질상 불충분한 물질로부터 우주와 그 안에 있는 만물을 산출해 내신 하나님의 사역이라고 정의할 수 있다. 창조사역은 삼위일체 하나님의 사역으로 나타나 있다(창 1:2, 욥 26:13, 33:4, 시 33:6, 사 40:12-13, 요 1:3, 고전 8:6, 골 1:15-17). 우리는 범신론과는 반대로 창조가 하나님의 자유로우신 행위임을 주장한다. 하나님께서는 세상을 필요로 하지 않으셨다(엡 1:11, 계 4:11). 또 우리는 자연신론에 반대하여 하나님이 세상을 창조하셨으므로, 이 세상은 항상 하나님을 의존함으로 존속한다는 것을 주장해야만 한다. 그리고 하나님은 세상을 나날이 유지해 나가신다(행 17:28, 히 1:3).

(1) 창조의 시기

성경은 우리에게 하나님께서 태초에 세상을 창조하셨다는 사실 곧 현 물질세계의 시작을 가르쳐 준다. 이 태초 전에는 끝없는 영원이 존재한다고 본다. 창조사역의 첫 부분은 엄밀히 무(無)에서의 창조이며, 기존 재료를 사용치 않은 창조이었다(창 1:1). 무(無)에서의 창조란 표현은 성경에서는 직접 찾아 볼 수 없고, 외경 중의 한 책에만 기록되어 있을 뿐이다(마카비 2서 7:28). 그러나 이러한 개념은 다음의 성구에 분명히 잘 나타나 있다(창 1:1, 시 33:9, 148:5, 롬 4:17, 히 11:3).

(2) 창조의 궁극적 목적

어떤 학자들은 창조의 궁극적 목적을 인간의 행복에서 찾으려 한다. 그들은 말하기를 하나님은 자신에게서 충족함을 가지시는 분이시기 때문에 자신을 궁극적 목적으로 삼을 수 없다고 주장한다. 그러나 하나님이 인간을 위해 존재하지 않고, 인간이 하나님을 위해서 존재한다는 사실은 분명한 사실이다. 그러므로 피조물은 창조의 궁극적 목적이 될 수 없다. 성경은 말하기를 하나님께서 자신의 영광을 나타내기 위하여 세상을 창조하셨다고 한다. 자연계에 나타난 하나님의 영광은, 피조물의 찬양을 받기 위해 벌려놓은 하나의 허황한 구경거리로서 꾸며진 것이 아니라, 피조물의 안녕을 촉진시키고, 피조물들로 하여금 창조주를 찬양하도록 이끌어 주는데 그 목적이 있다(사 43:7, 60:21, 61:3, 겔 36:21-22, 39:7, 눅 2:14, 롬 9:17, 11:36, 고전 15:28, 엡 1:5-6, 12, 14, 3:9-10, 골 1:16).

(3) 창조교리에 대한 이설(異說)

창조교리를 반대하는 자들은 세상을 설명하기 위해 세 가지 그릇된 이론을 주장한다.

a. 이원론(二原論)

어떤 학자는 본래의 물질은 영원한 것인데, 이 물질로부터 세상이 우연히 또는 고도의 직접적인 협에 의해 발생됐다고 주장한다. 그러나 이 이론은 불가능하다. 왜냐하면 두 영원자가 함께 존재할 수 없으므로, 두 개의 무한자가 병립할 수 없기 때문이다.

b. 유출설(流出說)

다른 학자들은 하나님과 세상이 본질상 하나라고 주장하며, 세상은 신이 존재할 때 필연적으로 생겼다고 주장한다. 그러나 이 견해는, 하나님에게서 자기 결정의 능력을 박탈하였으며, 인간에게서는 그들의 자유와 도덕적 책임의 특징을 빼앗아 버리게 되고 말았다. 또 이 이론은 하나님을 세상의 모든 악의 책임자로 만들고 말았다.

c. 진화론(進化論)

또 다른 학자들은 진화론을 주장하는데, 이 이론 역시 분명히 잘못된 견해이다. 왜냐하면 진화란 우주의 기원에 대한 타당한 설명을 제공하지 못하기 때문이다. 이 이론은 이미 기존물을 전제한 것이기 때문이다.

2. 영적 세계의 창조

하나님께서는 물질계 뿐 아니라 영적 세계도 창조하셨다.

(1) 천사들의 존재에 대한 증명
현대 자유주의 신학은 영적 세계의 존재를 부인한다. 그러나 성경은 천사들의 존재와 그들의 참 인격성을 증명해 주고 있다(삼하 14:20, 마 24:36, 유 6, 계 14:10). 어떤 학자들은 천사들을 공허한 존재라고 주장하는데, 이는 성경에 어긋나는 이론이다. 친사들은 우수한 영적 존재이며(엡 6:12, 히 1:14, 혹 어떤 때는 육체적 형체를 취하기도 하지만), 살과 뼈도 없으므로(눅 24:39), 볼 수도 없는 존재이다(골 1:16). 천사 중에도 어떤 천사는 선하고 거룩하며, 선택받은 존재(막 8:38, 눅 9:26, 고후 11:14, 딤전 5:21, 계 14:10)인데 반하여, 나머지 천사는 그들 본래의 위치에서 타락함으로 악한 존재가 되고 말았다(요 8:44, 벧후 2:4, 유 6).

(2) 천사의 부류
분명히 몇 가지 천사의 부류가 있다.

a. 그룹
성경은 천사의 부류 중 그룹들에 대하여 말하는데, 이들은 하나님의 능력과 존엄과 영광을 선포하며, 에덴 동산에서나 성막과 성전에서나 지상에 임재하실 때에 하나님의 거룩성을 호위한다(창 3:24, 출 25:18, 삼하 22:11, 시 18:10, 시 80:1, 99:1, 사 37:16).

b. 스랍
천사들 중에는 스랍들이라 불리우는 천사가 있는데, 이에 대하여는 이

사야 6장 2-3절, 6절에만 언급되어 있다. 스랍들은 하늘의 보좌를 옹위하여 시중들며, 하나님을 찬송하며, 하나님의 명령을 준행할 준비를 하고 있다. 또 그들은 화해의 목적을 수행하며, 인간으로 하여금 하나님께 올바로 접근하도록 준비시킨다.

c. 가브리엘과 미가엘

성경에는 가브리엘과 미가엘이라 이름하는 두 천사가 있다. 가브리엘(단 8:16, 9:21, 눅 1:19, 26)의 특별한 업무는 신적 계시를 인간에게 전달하며, 그 계시를 해석해 주는 것이다. 미가엘(단 10:13, 21, 유 9, 계 12:7)은 천사장이라고 불리는데(유 9), 그는 하나님 백성의 대적을 대항하여 여호와의 전투를 대행하는 용감한 전사(戰士)다. 성경에는 이 천사들 외에도 정사와 권세와 보좌와 주관자라는 일반적인 명칭으로 기록되어 있다(엡 1:21, 3:10, 골 1:16, 2:10, 벧전 3:22). 이러한 명칭들은 천사들 사이에도 등급과 위엄의 차이가 있음을 지적하는 것이다.

(3) 천사들의 하는 일(업무, 봉사)

천사들은 하나님을 계속적으로 찬양하고 있다고 한다(시 103:20, 사 6:, 계 5:11). 죄가 세상에 들어온 이후로, 천사들은 구원 받은 자들을 위해 봉사하며(히 1:14), 죄인들의 회개를 기뻐하며(눅 15:10), 신자들을 돌보며(시 34:7, 91:11), 소자를 보호하며(마 18:10), 교회 안에 계시며(고전 11:10, 엡 3:10, 딤전 5:21), 신자들을 아브라함의 품으로 인도한다(눅 16:22). 또 천사들은 하나님의 특별계시를 전달하며(단 9:21-23, 슥 1:12-14), 하나님의 백성들에게 하나님의 축복을 전달하며(시 91:11-12, 사 63:9, 단 6:22, 행 5:19), 하나님의 대적들에 대한 심판을 집행하기도 한다(창 19:1, 13, 왕하 19:35, 마 13:41).

(4) 악한 천사들

선한 천사가 있을 뿐만 아니라, 하나님을 대적하며, 하나님의 일을 방해하기를 즐겨하는 악한 천사도 있다. 악한 천사들도 본래는 선하게 창조되었지만 그들 본래의 위치를 유지하지 못하게 되었다(벧후 2:4, 유 6). 악한 천사들의 특별한 죄는 성경에 나타나 있지 않지만, 그들은 아마도 하나님을 대항했으며, 신적 권위를 열망했을 것이다(살후 2:4, 9). 사탄은 천사들 중 높은 위치를 가진 자로서 타락한 천사들 중에 공인된 우두머리가 되었다(마 25:41, 9:34, 엡 2:2). 사탄과 그의 무리들은 초인간적 능력으로 하나님의 일을 파괴하고자 하며, 심지어는 선택받은 자까지라도 우매하게 하여 미혹하려 하고, 간악한 방법으로 죄인들에게 범죄하도록 미혹한다.

3. 물질 세계의 창조

우리는 창세기 1장 1절에서 천지의 원시적 창조 기록을 찾아 볼 수 있다. 창세기 1장 2절 이하는 제 2차적 창조 곧 6일간의 창조사역의 완성에 대해 기록하고 있다.

(1) 창조의 기간

창조의 기간 중에서 문제시 되는 것은 창조 시의 날들이 보통 우리가 말하는 하루 24시간이냐 하는 문제이다. 지질학자들과 진화론자들은 창조의 날을 시간적으로 오랜 기간이라고 말한다.

'날'이란 말은 성경에서 항상 24시간 만을 의미하는 것은 아니었다(창 1:5, 2:4, 시 50:15, 전 7:14, 슥 4:10). 그러나 창조론에 있어서 '날'이란 용어에 대한 문자적 해석은 다음의 이론에 의해 주장된다. ① 히브리어

yom(욤:날)은 원래 정상적인 날을 의미하는 것이므로 이 문맥이 다른 해석을 요하지 않는 한, 본래의 의미 그대로 이해되어야 한다. ② 아침과 저녁이란 말의 반복은 이 문자적 해석을 지지해 주는 것이다. ③ 여호와께서 구별하사 거룩하게 하신 안식일은 분명히 정상적인 하루이다. ④ 출애굽기 20장 9-11절에 도면 이스라엘은 엿새간 일하고 일곱째 날에 쉬도록 명령을 받았다. 왜냐하면 여호와께서 엿새간 천지를 만드시고 일곱째 날에 안식하셨기 때문이다. ⑤ 마지막 3일은 분명히 정상적인 하루임에 틀림없다. 왜냐하면 이 날들은 지구와 태양과의 관계에 의해 결정되었기 때문이다. 그러므로 이 날들이 정상적인 날인데, 어찌 다른 날들이 정상적인 날이 아니겠는가?

(2) 6일간의 사역

① 첫째 날에는 빛이 창조되었는데, 빛과 어두움이 분리됨으로 밤과 낮이 생기게 하셨다. 이 이론은 태양과 달과 별들이 넷째 날에 창조되었다는 관념과 모순이 되지 않는다. 왜냐하면 이것들은 빛 자체가 아니라 빛의 운반체들이기 때문이다. ② 둘째 날의 일은 분리하는 일인데, 궁창을 만들므로 물이 위 아래로 나누이는 작업이었다. ③ 셋째 날에도 분리작업이 바다와 땅이 분리되는 가운데 계속되었다. 그뿐 아니라 풀과 나무들의 식물계가 창조되었고, 하나님께서는 그의 권능의 말씀으로 각기 그 종류대로 씨 맺는 꽃 없는 나무와 채소와 과수를 땅에 자라게 하셨다. ④ 넷째 날의 태양과 달과 별은 다양한 목적을 따로 봉사하도록, 곧 낮과 밤을 나누며, 기후 상황의 징조를 나타내며, 계절과 날과 연한의 계속을 결정하고, 지구를 위한 빛으로서 활동하기 위하여 창조되었다. ⑤ 다섯째 날의 사역은 공중과 물 속에 사는 새와 물고기를 창조한 일이다. ⑥ 마지막 여섯째 날은 창조사역의 절정이라 규정할 수 있다. 이 날에 지상

동물 중 최고의 계급이 창조되었는데, 모든 창조사역은 하나님의 형상대로 지어진 인간의 창조에 의해 절정에 이르게 되었던 것이다. 인간의 육체는 땅의 흙으로부터 형성된 반면에 그의 영혼은 하나님의 직접적인 창조인 것이다. ⑦ 일곱째 날에 하나님께서는 그의 창조의 사역을 끝마치시고 쉬셨고, 그의 창조사역을 보고 즐거워 하셨다.

처음 3일과 다음 3일의 창조내용에는 평행되는 유사성이 있다.

① 빛의 창조	④ 빛을 가진 물체의 창조
② 궁창(공간)의 창조와 물의 분리	⑤ 공중의 새와 바다의 물고기 창조
③ 물과 마른 땅의 분리: 인간과 짐승이 거처할 땅의 준비	⑥ 땅의 짐승과 육축과 기는 것과 인간의 창조

(3) 진화론

진화론자들은 만물의 기원에 대한 성경적 입장을 반대하여 만물 기원의 진화론적 입장을 주장한다. 그들은 모든 종류의 식물과 동물은(인간도 포함) 물론 지성, 도덕, 종교와 같은 생활의 여러 형태마저도, 자연력의 산물인 완전한 자연적 과정에 의해 발전되었다고 믿는다. 그러나 이것은 단순한 하나의 가정이므로 잘못된 이론이며, 성경적 창조론과 완전히 불일치한 논리이다.

참고할 성구

① 창조의 사실

창 1:1
"태초에 하나님이 천지를 창조하시니라"

시 33:6
"여호와의 말씀으로 하늘이 지음이 되었으며 그 만상이 그 입 기운으로 이루었도다"

요 1:3
"만물이 그로 말미암아 지은 바 되었으니 지은 것이 하나도 그가 없이는 된 것이 없느니라"

히 11:3
"믿음으로 모든 세계가 하나님의 말씀으로 지어진 줄을 우리가 아나니 보이는 것은 나타난 것으로 말미암아 된 것이 아니니라"

② 창조의 궁극적 목적

사 43:6-7
"내가 북방에게 이르기를 놓으라 남방에게 이르기를 구류하지 말라 내 아들들을 원방에서 이끌며 내 딸들을 땅 끝에서 오게 하라 무릇 내 이름으로 일컫는 자 곧 내가 내 영광을 위하여 창조한 자를 오게 하라 그들을 내가 지었고 만들었느니라"

시 19:1
"하늘이 하나님의 영광을 선포하고 궁창이 그 손으로 하신 일을 나타내는도다"

시 148:13
"다 여호와의 이름을 찬양할지어다 그 이름이 홀로 높으시며 그 영광이 천지에 뛰어나심이로다"

③ 천사들

시 103:20
"능력이 있어 여호와의 말씀을 이루며 그 말씀의 소리를 듣는 너희 천사여 여호와를 송축하라"

히 1:14
"모든 천사들은 부리는 영으로서 구원 얻을 후사들을 위하여 섬기라고 보내심이 아니뇨"

유 6
"또 자기 지위를 지키지 아니하고 자기 처소를 떠난 천사들을 큰 날의 심판까지 영원한 결박으로 흑암에 가두셨으며"

04 창조의 시기

창 1:1
"태초에 하나님이 천지를 창조하시니라"

출 20:11
"이는 엿새 동안에 나 여호와가 하늘과 땅과 바다와 그 가운데 모든 것을 만들고 제칠일에 쉬었음이라 그러므로 나 여호와가 안식일을 복되게 하여 그날을 거룩하게 하였느니라"

연구할 말씀

① 창조란 말의 의미는?
시 51:10, 104:30, 사 45:7

② 진화론에 대한 반증
창 1:11-12, 20, 24, 비교. 창 1:21, 25, 2:9

③ 천사들의 죄에 대하여
벧후 2:4, 유 6, 비교. 살후 2:4-12

복습 문제

1. 창조란 무엇인가?
2. 하나님은 세상을 꼭 긍조하실 필요가 있었는가?
3. 창조의 궁극적 목적은 무엇인가?
4. 하나님의 영광이 궁극적 목적이란 무슨 뜻인가?
5. 창조교리에 대한 이설은 무엇인가?
6. 천사는 어떤 존재인가?
7. 성경에 나타난 천사의 부류에 대하여 말하라.
8. 가브리엘과 미가엘의 기능은 무엇인가?
9. 천사가 하는 일은 무엇인가?
10. 악한 천사가 있음을 어떻게 알 수 있는가?
11. 악한 천사는 처음부터 악하게 창조되었는가?
12. 창세기의 '날'은 지금의 하루와 같은가?
13. 6일 창조의 순서를 말하라.
14. 진화론과 창조설을 비교하라.

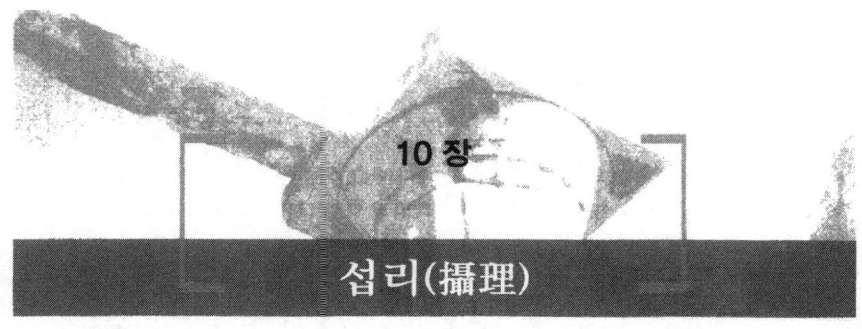

10장 섭리(攝理)

하나님께서는 세상을 창조하셨을 뿐 아니라, 창조하신 세상을 유지하시고 계시기 때문에 자연히 창조교리 다음에는 섭리교리를 생각하는 것이 합당한 것이다. 섭리란 하나님께서 그의 모든 피조물을 보존하시며, 세상에 발생하는 모든 사건 속에서 활동하시며, 만물을 정해진 목적에 맞도록 이끄시는 하나님의 사역이라고 정의할 수 있다. 섭리는 세 가지 요소를 포함하는데, 그 첫째는 존재에 관계된 것이며, 둘째는 활동에 관한 것이며, 셋째는 만물의 목적에 관한 것이다.

1. 하나님의 섭리의 요소

하나님의 섭리는 세 가지 요소로 나눌 수 있다.

(1) 보존

보존은 하나님께서 만물을 유지하시는 하나님의 계속적인 사역이다. 세상은 별개의 존재로서, 하나님의 한 부분이 아니지만, 계속적인 존재의 근거를 갖는다. 세상은 만물을 존재케 하시고 활동케 하시는 신적 권능의 계속적인 행사를 통하여 유지된다(시 136:25, 145:15, 느 9:6, 행 17:28, 골 1:17, 히 1:3).

(2) 협력

협력이란 하나님께서 그의 모든 피조물과 협력하시며 피조물로 하여금 그들의 해야 할 일을 행하도록 역사하시는 하나님의 사역이라 정의할 수 있다. 이것은 세계 속에 자연력과 인간의 의지와 같은 실제적 제 2의 원인들이 있다는 것을 의미하는 것이며, 이 원인들이 하나님과 떨어져서는 일할 수 없다는 것을 주장하는 것이다. 하나님께서는 피조물의 선악간의 모든 행위 속에서까지라도 역사하신다. 하나님께서는 피조물을 행동하도록 자극시키며, 순간 순간마다 그들의 행동에 함께 해 주신다.

그러나 우리는 하나님과 인간을 동일한 원인으로 생각해서는 안 된다. 하나님께서는 제일 원인이요, 인간은 제 2원인에 불과하기 때문이다. 그렇다고 한 팀을 이룬 말들이 각기 그 일에 한 부분을 담당한 것처럼, 우리 인간도 일의 한 부분을 각기 하고 있는 것처럼 생각해서는 안 된다. 하나님과 인간이 행한 동일한 행위라도, 전체적인 의미로 볼 때 하나님의 행동인 동시에 인간의 행동인 것이다. 또한 우리 인간 신인(神人) 협력교리가 인간의 죄악 행위에 대한 책임을 하나님께 돌리는 것이라는 그릇된 관념을 가져서는 안 된다(신 8:18, 시 104:20-21, 30, 암 3:6, 마 5:45, 10:29, 행 14:17, 빌 2:13).

(3) 통치

통치란 하나님께서 만물을 그들의 존재하는 목적에 맞도록 다스리시는 하나님의 계속적인 활동이라 할 수 있다. 하나님은 신구약에서 우주의 왕(다스리는 자)으로 표현되었다. 하나님께서는 그가 다스리시는 피조물의 성질에 맞도록 자신의 법칙을 적용시키셨다. 즉 육체적 세계의 통치와 영계의 통치와는 다르다. 하나님의 통치는 우주적이시며(시 103:19, 단 4:34-35), 가장 무의미한 것까지도 포함하며(마 10:29-31), 얼른 보기에 우연적인 것까지도 포함하며(잠 16:33), 인간의 선악간의 모든 행위까지라도 하나님의 통치 속에 들어있다고 할 수 있다(빌 2:13, 창 50:20, 행 14:16).

2. 섭리교리에 대한 그릇된 견해

(1) 자연신론적 관념

이 관념은 하나님의 세상에 대한 관념이 가장 일반적 성질이라는 견해이다. 이 견해에 의하면, 하나님께서는 세상을 창조하셨고, 세상의 법칙을 확립하셨고, 세상을 움직이게 해 놓으시고는 세상에서 손을 떼셨다고 주장한다. 또 하나님께서 시계태엽처럼 세상을 잘 돌아가게 해놓고 손을 떼셨다가 무엇인지 잘못될 때면 그때에만 하나님께서 간섭하신다는 것이다. 그러므로 이 견해에 따르면 하나님은 저 멀리 계신 분에 불과하다고 할 수밖에 없다.

(2) 범신론적 관념

범신론자들은 하나님과 세상을 구별하지 않고, 이 둘을 동일시하므로 섭리교리를 인정치 않는다. 또 세상에 제 2원인이 없다고 보며, 하나님을 세상에서 일어나는 모든 사건의 직접적인 조정자라고 본다. 심지어는 인간의 행위까지도 하나님의 행위라고 주장하고, 그러므로 하나님은 저 멀리 계신 분이 아니라 가까이 계신 분이라 주장한다.

3. 비상 섭리(이적)

우리는 일반섭리와 특별섭리로 구별하는데, 이 특별섭리 속에서 이적은 중요한 위치를 차지한다. 이적은 하나님의 초자연적인 역사로, 제2원인의 중재 없이 성취되는 하나님의 사역인 것이다. 하나님께서는 제2원인을 사용하시는 경우, 하나님은 제2원인을 비상의 방법으로 사용하시므로, 결국 제2원인을 사용하되 비상의 방법을 사용한 것이므로 초자연적인 것이다. 어떤 학자는 이적이란 자연법칙을 어기는 것이므로 불가능한 것으로 간주하는데, 이는 잘못된 견해이다. 소위 자연법칙이란 다만 자연계에서 일하시는 하나님의 통상적인 방법을 표현해 주는 것뿐이다.

그러므로 하나님께서 일정한 질서를 따라 일하신다는 사실은 하나님께서 이런 질서를 떠날 수 없다는 말이 아니며, 하나님께서 일하실 때 이런 질서를 어기거나 혼란시키지 않고 특별한 결과를 일으킬 수 없다는 것을 의미하는 것이 아니다. 인간도 어떤 경우에는 자연법칙을 방해하지 않고 자연법칙을 깨뜨릴 수 있다. 인력의 법칙이 있음에도 불구하고, 이 법칙을 혼란시키지 않고도, 인간은 손을 들어 공중에 공을 던질 수 있다. 인간에게도 가능한 것이 어찌 전능하신 하나님에게 불가능한 것일 수 있는가? 그러므로 이적은 계시의 방도임에 틀림이 없다(민 16:28, 렘 32:20, 요 2:11, 5:36).

참고할 성구

01 보존

시 36:6
"…여호와여 주는 사람과 짐승을 보호하시나이다"

느 9:6
"오직 주는 여호와시라 하늘과 하늘들의 하늘과 일월성신과 땅과 땅 위의 만물과 바다와 그 가운데 모든 것을 지으시고 다 보존하시오니 모든 천군이 주께 경배하나이다"

골 1:17
"또한 그가 만물보다 먼저 계시고 만물이 그 안에 함께 섰느니라"

02 협력

신 8:18
"네 하나님 여호와를 기억하라 그가 네게 재물 얻을 능을 주셨음이라…"

암 3:6
"성읍에서 나팔을 불게 되고야 백성이 어찌 두려워하지 아니하겠으며 여호와의 시키심이 아니고야 재앙이 어찌 성읍에 임하겠느냐"

빌 2:13
"너희 안에서 행하시는 이는 하나님이시니 자기의 기쁘신 뜻을 위하여 너희로 소원을 두고 행하게 하시나니"

03 통치

시 103:19
"여호와께서 그 보좌를 하늘에 세우시고 그 정권으로 만유를 통치하시도다"

단 4:3
"…그 나라는 영원한 나라요 그 권병은 대대에 이르리로다"

딤전 6:15
"기약이 이르면 하나님이 그의 나타나심을 보이시리니 하나님은 복되시고 홀로 한 분이신 능하신 자이며 만왕의 왕이시며 만주의 주시요"

04 이적과 표적

출 15:11
"여호와여 신 중에 주와 같은 자 누구니이까 주와 같이 거룩함에 영광스러우며 찬송할 만한 위엄이 있으며 기이한 일을 행하는 자 누구니이까"

시 72:18
"홀로 기사를 행하시는 여호와 하나님 곧 이스라엘의 하나님을 찬송하며"

막 2:10-11
"그러나 인자가 땅에서 죄를 사하는 권세가 있는 줄을 너희도 알게 하려 하노라 하시고 중풍병자에게 말씀하시되 내가 네게 이르노니 일어나 네 상을 가지고 집으로 가라 하시니"

요 2:11
"예수께서 이 처음 표적을 갈릴리 가나에서 행하여 그 영광을 나타내시매 제자들이 그를 믿으니라"

연구할 말씀

① 특별섭리에 대하여
신 2:7, 왕상 17:6, 16, 왕하 4:6, 마 14:20

② 신적 섭리의 영향
사 41:10, 마 6:32, 눅 12:7, 빌 4:6-7, 벧전 5:7

③ 섭리의 축복
사 25:4, 시 121:4, 눅 12:7, 신 33:27, 시 37:28, 딤후 4:18

복습 문제

1. 섭리와 창조의 관계를 말하라.
2. 하나님의 섭리란 무엇을 말하는가?
3. 일반섭리와 특별섭리는 어떻게 다른가?
4. 하나님의 섭리의 대상은 무엇인가?
5. 섭리의 세 가지 요소는 무엇이며 어떻게 다른가?
6. 협력이란 무엇을 말하는가?
7. 하나님의 통치영역은 어디까지 미치는가?
8. 이적은 무엇이며 어떤 목적이 있는가?
9. 이적은 불가능할까?

- A Summary of Christian Doctrine

3부 하나님과 관계된 인간론

11. 원시상태의 인간
12. 죄의 상태에 있는 인간
13. 은혜계약 안에 있는 인간

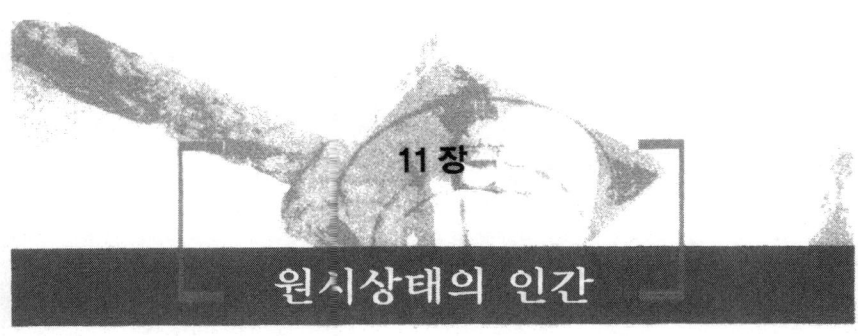

11장 원시상태의 인간

지금까지 우리는 하나님에 관한 교리를 말하여 왔지만, 이제부터는 하나님의 솜씨의 금관이라 할 수 있는 인간에 대하여 살펴 보게 되었다.

1. 인간성의 본질적 요소

인간은 영혼과 육체, 두 부분으로 구성되어 있다는 것이 통상적인 견해이다. 이 견해는 인간이 그렇게 느끼는 바이며(自意識), 인간은 육체와 영혼으로 구성(마 6:25, 10:28)되었거나, 육체와 영(靈)으로 구성(전 12:7, 고전 5:3, 5)되었다고 말하는 성경의 연구에 의해 나온 것이다.

어떤 학자는 영혼과 영이 서로 다른 요소이므로, 인간은 육체와 혼과 영, 세 부분으로 구성되었다고 주장한다(비교; 살전 5:23). 그러나 혼과 영이 서로 교차적으로 사용되었다는 것이 분명하다. 죽음은 때때로 혼

(魂)의 떠남으로 표현(창 35:18, 왕상 17:21)되기도 했고, 또 어떤 때는 영(靈)의 떠남으로 표현(눅 23:46, 행 7:59)되기도 했다. 어떤 경우에는 혼이 죽었다고 했고(계 6:9, 20:4), 또 어떤 경우에는 영이 죽었다고 했다(벧전 3:19, 히 12:23). 이 두 가지 용어는 다른 관점일 뿐이므로, 인간이 소유한 동일한 영적 요소라고 할 수 있다. 영(靈)은 생명과 행동의 원리로서 육체를 지배하며, 혼(魂)은 인격의 주체로서 생각하며 느끼며 의지하며 정서의 좌소가 되기도 한다.

2. 개인 영혼의 기원

개인 영혼의 기원에 관하여는 다음의 세 가지 견해가 있다.

(1) 선재설(先在說)
어떤 학자들은 사람의 영혼이 육체를 입고 세상에 오기 전에 있었다고 주장한다. 이 학설은 인간이 죄인으로 출생한다는 사실에 대한 다소의 근거를 가져다 준다.
 그러나 오늘날 이 견해는 거의 환영을 받지 못하고 있다.

(2) 유전설(遺傳說)
이 학설에 따르면 인간은 육체와 마찬가지로 영혼을 그들의 부모에게서 유전받는다고 한다. 이는 루터교회의 견해이다. 하와의 영혼 창조에 대한 기록이 성경에 없고, 후손들이 그들 조상의 허리에 있었다는 사실에 근거한 학설이다(창 46:26, 히 7:9-10). 뿐만 아니라 이는 동물의 경우, 육체와 혼이 가족적 특성의 유전과 죄의 타락성의 유전에 의해 부모에게서 자녀에게로 전해진다는 사실에 근거를 갖는데, 그것은 육체에 관한 문제라기보다 혼에 관해 더욱 그러하다는 것이다.

그러나 몇 가지 난제가 였다. 이 학설은 부모를 영혼의 창조자로 만들며, 인간의 영혼이 여러 부분으로 나눌 수 있다고 가정하며, 더 나아가서는 예수님의 무죄성을 위태롭게 만든다.

(3) 창조설(創造說)

이 학설은 개인 영혼이 하나님의 직접적인 창조인데, 그 시기는 명백히 알 수 없다고 말한다. 영혼은 순수하게 창조되었지만, 인류 전체가 짊어지게 된 죄의 복잡성으로 말미암아 출생 이전이라 해도, 영혼은 죄된 것이라고 본다. 이 견해는 개혁주의 노선의 보편적인 견해로, 인간의 육체와 영혼은 서로 다른 기원을 갖는다는 성경적 증거(전 12:7, 사 42:5, 슥 12:1, 히 12:9)를 가지며, 영혼의 영적인 본질과 잘 조화되며, 예수님의 무죄성을 옹호하는 성경적인 학설이다.

그러나 난제가 없는 것은 아니다. 이 학설로는 가족적 특성의 유전에 대한 설명을 주지 못하며, 하나님을 죄된 영혼의 창조자로 만드는 것처럼 보일는지 모른다.

3. 하나님의 형상으로서의 인간

성경은 인간이 하나님의 형상대로 창조되었다고 가르친다. 창세기 1장 26절에 의하면 하나님께서는 "우리의 형상을 따라 우리의 모양대로 우리가 사람을 만들자"고 말씀하셨다. 형상과 모양이란 용어는 분명히 동일한 것이라 할 수 있다. 성경은 이 두 용어가 상호 교체적으로 사용되었다는 사실을 증명해 준다(창 1:26-27, 5:1, 9:6, 고전 11:7, 골 3:10, 약 3:9). 모양이란 말은 아마도 형상이 거의 같거나 매우 유사하다는 사실을 강조한 것 같다.

(1) 로마 카톨릭의 견해
로마 카톨릭은 하나님의 형상을 영혼의 영성(靈性), 의지의 자유, 불멸성과 같은 인간이 부여받은 몇 가지 자연적 은사들 가운데서 찾으려고 한다. 하나님께서는 이러한 자연적 은사에다 인간으로 하여금 저속한 본성을 제어하기 위해 본래적 의(義)라 칭하는 초자연적인 은사를 주셨다고 한다. 이것은 인간의 모양이 하나님과 닮게 구성되었다는 것 같이 생각된다.

(2) 루터파의 견해
루터파 교회는 전적으로 로마 카톨릭의 견해를 동의하지는 않는다. 그들의 일반적인 견해는 하나님의 형상이 창조시에 인간에게 부여해준 영적 성질 곧 참 지식과 의(義)와 거룩 속에서만 존재한다는 것이다. 이것들이 본래적 의를 가리키는 것인지도 모르므로, 이 견해는 너무 한정적이다.

(3) 개혁파의 견해
개혁주의는 하나님의 자연적 형상과 도덕적 형상을 구별한다. 자연적 형상은 둘 중 보다 광범한 것으로 인간의 영적, 합리적, 도덕적 불멸의 본질 속에 존재한다고 말할 수 있다. 그런데 이 형상은 죄로 말미암아 아주 상실되지는 않았지만 모호하게 되었다고 한다. 도덕적 형상은 보다 제한된 의미의 하나님의 형상이며, 참 지식과 의와 거룩 속에 존재하는 형상인데, 죄로 말미암아 상실했었으나 그리스도에 의해 회복된 것이다(엡 4:24, 골 3:10). 넓은 의미로 보면 인간은 아직도 하나님의 형상을 지속하고 있기 때문에, 인간을 하나님의 형상 또는 하나님의 형상을 지닌 자라고 부를 수 있다(창 9:6, 고전 11:7, 15:49, 약 3:9).

4. 행위계약 속에 있는 인간

하나님께서는 인간과 계약관계를 맺으셨다. 이 본래의 계약을 행위계약이라고 부른다.

(1) 행위계약의 성경적 증명

a. 바울은 아담과 그리스도를 비교하였다(롬 5:12-21)
아담 안에서 모든 인류는 죽었으나, 그리스도 안에서 그에게 속한 자는 살아나게 된다. 이것은 그리스도가 하나님 안에 있는 자의 대표자가 된 것 같이 아담이 전 인류의 대표이었다는 것을 의미한다.

b. 호세아 6장 7절에 "저희는 아담처럼 언약을 어기고"라고 기록되었으니, 아담의 죄는 계약의 위반이라고 부를 수 있다.

(2) 행위계약의 요소

a. 계약의 당사자
계약은 항상 두 당사자 사이에 이루어지는 것이다. 이 때 계약의 당사자들은 우주의 주권자 되시는 삼위일체 하나님과 인류의 대표자 되는 아담이다. 이 양편은 매우 불균형하므로, 자연히 계약은 타협의 성격을 인간에게 부과한다.

b. 계약의 약속

계약의 약속은 가장 고상한 의미로 생명의 약속이라고 할 수 있는데, 생명은 죽음의 가능성을 초월하고 있다. 그런데 이 약속은 신자들이 마지막 아담이신 그리스도로 말미암아 받게 된다.

c. 계약의 조건
계약의 조건은 절대적 순종이었다. 선악을 알게 하는 열매를 먹지 말라는 엄한 명령은 순수한 순종에 대한 시험이었던 것이다.

d. 계약의 형벌
총괄적 의미로 여기서 형벌이란 육체적, 영적, 영원적인 죽음인 것이다. 죽음은 육체와 영혼의 분리일 뿐 아니라, 근본적으로 하나님으로부터의 영혼의 분리를 말하는 것이다.

e. 계약의 상징
생명나무가 하나의 상징이었다면, 이 계약의 유일한 상징이었을 것이다. 생명나무는 생명의 상징과 보증으로 지명된 듯하다.

(3) 행위계약의 유효성
알미니안파들은 행위계약이 완전히 폐기되었다고 말한다. 그러나 이것은 그릇된 견해다. 완전한 순종의 요구는 아직도 그리스도의 의(義)를 받아들이지 않는 자들을 위하여 존속한다(레 18:5, 갈 3:12). 이런 인간들은 이러한 요구에 응하지 못했지만, 그 조건은 유효한 것이다. 그러나 이 계약은 그리스도 안에 있는 자들에게 더 이상 필요치 않게 되었던 것이다. 왜냐하면 그리스도께서 그들을 위하여 법적 요구에 응하셨기 때문이다. 그러므로 이 계약이 타락 후 무력하게 되었으므로, 생명의 길이 되지 못하는 것이다.

참고할 성구

01 인간 본질의 요소

마 10:28
"몸은 죽여도 영혼은 능히 죽이지 못하는 자들을 두려워하지 말고 오직 몸과 영혼을 능히 지옥에 멸하시는 자를 두려워하라"

롬 8:10
"또 그리스도께서 너희 안에 계시면 몸은 죄로 인하여 죽은 것이나 영은 의를 인하여 산 것이니라"

02 영혼의 창조

전 12:7
"흙은 여전히 땅으로 돌아가고 신은 그 주신 하나님께로 돌아가기 전에 기억하라"

히 12:9
"또 우리 육체의 아버지가 우리를 징계하여도 공경하였거든 하물며 모든 영의 아버지께 더욱 복종하여 살려 하지 않겠느냐"

03 하나님의 형상으로 창조된 인간

창 1:27
"하나님이 자기 형상 곧 하나님의 형상대로 사람을 창조하시되 남자와 여자를 창조하시고"

창 9:6
"무릇 사람의 피를 흘리면 사람이 그 피를 흘릴 것이니 이는 하나님이 자기 형상대로 사람을 지었음이니라"

04 하나님의 형상의 회복

약 3:9
"이것으로 우리가 주 아버지를 찬송하고 또 이것으로 하나님의 형상대로 지음을 받은 사람을 저주하나"

엡 4:24
"하나님을 따라 의와 진리의 거룩함으로 지으심을 받은 새 사람을 입으라"

골 3:10
"새 사람을 입었으니 이는 자기를 창조하신 자의 형상을 좇아 지식에까지 새롭게 하심을 받는 자니라"

05 행위계약

호 6:7
"저희는 아담처럼 언약을 어기고 거기서 내게 패역을 행하였느니라"

고전 15:22
"아담 안에서 모든 사람이 죽은 것 같이 그리스도 안에서 모든 사람이 삶을 얻으리라"

연구할 말씀

① 3분설에 대하여
살전 5:23, 히 4:13(비교. 마 22:37)

② 하나님의 형상에 관하여
창 1:26, 28, 시 8:6-8, 히 2:5-9

③ 창세기 2장, 3장에 나타난 언약

복습 문제

1. 인간의 본질적 요소에 통상적인 견해는 무엇이며, 그 증거는 무엇인가?
2. 또 다른 견해는 무엇인가?
3. 영혼의 기원에 대하여 어떤 견해들이 있는가?
4. 각 견해의 주장과 난제는 무엇인가?
5. '형상'과 '모양'은 서로 다른 것을 가리키는가?
6. 하나님의 형상에 대하여, 로마 카톨릭과 루터교와 개혁교회의 견해는 각각 어떠한가?
7. 개혁교회의 주장은 왜 중요한가?
8. 행위계약에 대한 성경의 증거는 무엇인가?
9. 계약에 있어서 당사자들은 누구인가?
10. 계약의 약속과 조건과 형벌과 상징은 무엇인가?
11. 어떤 의미에서 행위계약은 아직도 유효한가?
12. 어떤 의미에서 그것은 폐기되었는가?

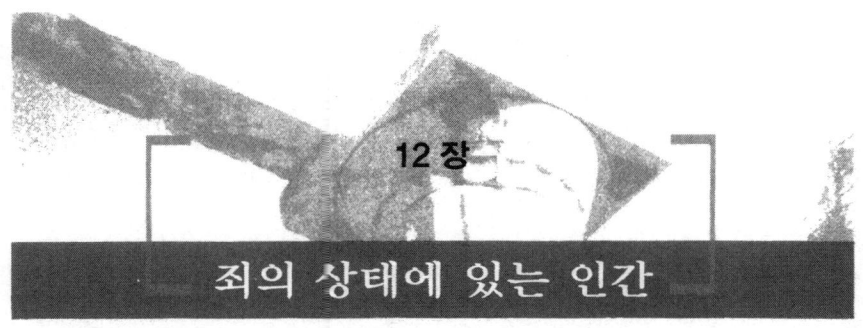

12장
죄의 상태에 있는 인간

1. 죄의 기원

성경은 가르쳐 주기를 최초의 죄는 낙원에 있었던 아담과 하와의 범죄 결과로 세상에 들어 왔다고 한다. 이 최초의 죄는 뱀의 형태로 가장한 사탄의 시험에 의해 발생된 것인데, 사탄은 인간의 마음속에 의혹과 불신의 씨를 뿌렸던 것이다. 성경은 타락 사건의 유혹자인 뱀은 다만 사탄의 도구였다고 분명히 지적해 준다(요 8:44, 롬 16:20, 고후 11:3, 계 12:9). 최초의 죄는 인간이 선악을 알게 하는 열매를 따 먹은 데 있다. 이 실과를 먹음은 단순히 하나님께서 금(禁)하셨던 것이기 때문에 죄된 것이다.

실과를 먹음은 인간이 자기의 뜻을 하나님의 뜻에 무조건적으로 복종시키려 하지 않았다는 것을 나타내 준 것이며, 몇 가지 요소를 내포하는 것이다. 선악과를 먹음은 그 자체가 지적인 면에서는 불신앙과 자만심을, 의지면에서는 하나님과 같이 되려는 욕망을, 감정면에서는 금지된 실과를 먹으려는 호기심을 나타내는 것이다. 그 결과로 인간은 엄밀한 의미로 보면 하나님의 형상을 상실하고 전적으로 타락하여 죽음의 지배 하에 있게 되고 말았다(창 3:19, 롬 5:12, 6:23).

2. 죄의 본질

(1) 죄는 특별 악이다
오늘날 많은 사람들이 악(惡)이란 말 대신에 죄란 말을 많이 사용하지만, 이것은 그리 좋지 못한 것 같다. 왜냐하면 죄란 말은 보다 특수한 의미가 있기 때문이다.

(2) 죄는 절대적 성질을 가진다
죄의 본질은 악의 일종 즉 인간이 책임져야 할 도덕적 악을 나타내는 것인데 이로 말미암아 인간은 정죄하(定罪下)에 놓이게 된 것이다.

(3) 죄는 하나님의 뜻에 관계된다
오늘날 죄를 단순히 이웃에 대한 잘못으로 간주하는 경향이 있지만, 이는 완전히 그 요점을 파악하지 못한 것이라고 할 수 있다. 왜냐하면 그와 같은 잘못은 하나님의 뜻에 완전히 어긋날 때에만 죄라고 말할 수 있기 때문이다. 죄란 불법이며(요일 3:4), 하나님의 율법에 대한 복종의 결여이며, 신적 율법에 의해 요구된 사랑과는 반대되는 것이다. 성경은 항상 죄를 율법과 관련시켜 생각한다(롬 1:32, 2:12-14, 4:15, 5:13, 약 2:9-10, 요일 3:4).

(4) 죄는 죄책과 오염을 내포한다

죄란, 첫째로 인간으로 하여금 형벌에 빠뜨리게 하는 죄책(롬 3:19, 5:18, 엡 2:3)이며, 다음은 선천적 부패성 또는 도덕적 오염이라 정의할 수 있다. 모든 인간은 아담 안에서 죄가 있으므로 부패한 성질을 가지고 태어난다(욥 14:4, 렘 17:9, 사 6:5, 롬 8:5-8, 엡 4:17-19).

(5) 죄는 인간 마음에 자리 잡고 있다

죄는 인간의 마음에 그 좌소를 가지므로, 이 중심에서부터 지·정·의, 즉 인간 전체에 영향을 미치며 육체를 통해 나타난다(잠 4:23, 렘 17:9, 마 15:19-20, 눅 6:45, 히 3:12).

(6) 죄는 외부적 행위만은 아니다

우리는 로마 카톨릭과는 달리, 죄란 외부적 행위에만 있지 않고 악한 사상과 악한 감정과 마음의 악한 의도까지 내포한다(마 5:22, 28, 롬 7:7, 갈 5:17, 24)라고 믿는다.

3. 인류생활에 있어서의 죄

세 가지 점을 고려해 보자.

(1) 아담의 죄와 후손의 죄

이 관계도 세 가지로 설명되어 왔다.

a. 실재설

가장 최초의 설명은 실재설인데, 이 설에 의하면 하나님께서 본래 하나의 일반적 인간성을 창조하셨는데, 이 인간성은 시간의 흐름 속에서 많은 부분 곧 인류 각 개개인으로 분류되었다는 것이다. 아담은 이 일반적 인간성 전체를 소유했는데, 죄를 지음으로 그것이 유죄가 되어 더럽혀졌다는 것이다. 그러므로 자연히 모든 개인적 인간성도 이러한 죄책(罪責)과 오염을 공유하게 되었다는 것이다.

b. 대표설

개혁시대의 대표적인 학설로, 이 견해에 의하면 아담은 그의 후손과 이중적 관계를 가지는데, 그는 자연히 인생의 머리가 되었고 언약의 머리로서 인생의 대표였던 것이다. 아담이 인류의 대표로서 범죄했을 때, 이 죄는 인류에게 전가되어졌으며, 그 결과 모든 인류는 부패한 상태 하에서 탄생하게 되었던 것이다. 이 학설이 우리 개혁주의의 견해이다.

c. 간접전가설(間接轉嫁說)

이 이론은 그리 잘 알려지지 않은 것이지만, 아담의 죄책(罪責)은 직접적으로 우리에게 관계되지 않는다고 주장한다. 아담의 부패는 그의 후손에게 전가되며, 이 부패성은 인간들을 개인적으로 죄되게 만든다는 것이다. 아담의 후손들은 그들이 아담 안에서 유죄하기 때문에 부패한 것이 아니라, 그들이 부패하기 때문에 죄 된다는 것이다.

(2) 원죄와 본죄

우리는 죄를 원죄와 본죄로 구분한다. 모든 인간은 죄된 상태와 죄의 신분에서 출생하므로, 이것을 원죄(原罪)라고 부르는데, 이것이 본죄(本罪)의 뿌리인 것이다.

a. 원죄(原罪)

원죄는 죄책과 죄의 오염을 포함한다. 아담의 죄책은 우리에게 전가되었다. 아담이 우리의 대표자로서 범죄했기 때문에 우리는 그 안에서 죄된 인간인 것이다. 그 뿐 아니라 우리는 또 아담의 부패성을 상속하고 죄를 향한 적극성을 갖는다. 그러므로 인간은 본질상 전적으로 타락되었다고 할 수 있다. 이것은 모든 인간이 하는 바가 악하다는 것을 의미하는 것이 아니라, 죄가 인간의 본질 전체를 부패시켰고, 인간으로 하여금 어떤 영적 선이라도 행할 수 없게 한다는 것을 의미하는 것이다. 인간은 아직도 그의 동료와의 관계에서 가치 있는 일을 하고자 할는지 모르지만, 인간의 최선의 일이라 하더라도 그런 행위가 하나님을 사랑함에 의해 충동된 것이 아니며, 하나님을 순종함으로 행해진 것이 아니기 때문에 근본적으로 불완전한 것이다. 이 전적 타락과 전적 무능력은 펠라기우스파와 알미니안파와 현대 주의자들에 의해 부인되었지만, 성경은 분명히 전적 타락과 무능력을 입증해주고 있다(렘 17:9, 요 5:42, 6:44, 15:4-5, 롬 7:18, 23-24, 8:7-8, 고전 2:14, 고후 7:1, 엡 2:1-3, 4:18, 딤후 3:2-4, 딛 1:15, 히 11:6).

b. 본죄(本罪)

본죄란 말은 외부적 행위의 죄뿐 아니라, 원죄로 인해 일어나는 의식적인 죄된 생각, 욕망, 결심 등을 말하는 것이다. 그것들은 개인이 그의 고유의 성질과 경향으로부터 구별하여 행동한 죄이다. 원죄는 하나이지만, 본죄는 여럿이다. 본죄는 교만, 질투, 증오, 감각적 육욕, 악한 욕망과 같은 내적 생활의 죄이며, 사기, 도적, 살인, 간음 등과 같은 외적 생활의 죄이기도 하다. 이들 중에는 용서 받을 수 없는 죄 즉 성령을 훼방하는 죄가 있다. 이 죄를 범한 후에는 심령의 변화가 불가능하며, 그것을 위해 기도할 필요가 없다는 것이다(마 12:31, 막 3:28-30, 눅 12:10, 히 6:4-6, 히 10:26-27, 요일 5:16).

(3) 죄의 보편성

성경과 경험을 통하여 볼 때, 죄가 보편적이라는 사실을 알 수 있다. 심지어 펠라기우스파까지도 그들은 죄를 나쁜 환경이라든가 악한 실례라든가 또는 그릇된 교육과 같은 외부적 조건의 탓으로 돌리기는 하지만, 죄의 보편성만은 부인하지 않는다. 성경에는 죄의 보편성을 의미하는 구절들이 많다(왕상 8:46, 시 143:2, 잠 20:9, 전 7:20, 롬 3:1-12, 19, 23, 갈 3:22, 약 3:2, 요일 1:8, 10). 그뿐 아니라 성경은 인간이 나면서부터 죄된다고 가르치는데 이 죄의 보편성은 모방의 결과로 인정할 수 없는 것이다(욥 14:4, 시 51:5, 요 3:6). 심지어 유아라도 죄의 결과인 죽음의 지배하에 있으므로 죄되다고 할 수 있는 것이다(롬 5:12-14). 모든 인간은 날 때부터 정죄(定罪) 아래 있으므로 그리스도 예수 안에 있는 구속이 필요한 것이다. 어린아이들이 이 원칙에서 결코 제외될 수 없다(요 3:3, 5, 엡 2:3, 요일 5:12).

참고할 성구

01 죄책

롬 5:18
"그런즉 한 범죄로 많은 사람이 정죄에 이른 것 같이 의의 한 행동으로 말미암아 많은 사람이 의롭다 하심을 받아 생명에 이르렀느니라"

요일 3:4
"죄를 짓는 자마다 불법을 행하나니 죄는 불법이라"

엡 2:3
"전에는 우리도 다 그 가운데서 우리 육체의 욕심을 따라 지내며 육체와 마음의 원하는 것을 하여 다른 이들과 같이 본질상 진노의 자녀이었더니"

02 죄의 오염

렘 17:9
"만물보다 거짓되고 심히 부패한 것은 마음이라 누가 능히 이를 알리요마는"

롬 7:18
"내 속 곧 내 육신에 선한 것이 거하지 아니하는 줄을 아노니 원함은 내게 있으나 선을 행하는 것은 없노라"

롬 8:5
"육신을 좇는 자는 육신의 일을, 영을 좇는 자는 영의 일을 생각하나니"

03 죄의 좌소는 인간의 마음이다

마 15:19
"마음에서 나오는 것은 악한 생각과 살인과 간음과 음란과 도적질과 거짓 증거와 훼방이니"

히 3:12
"형제들아 너희는 삼가 혹 너희 중에 누가 믿지 아니하는 악심을 품고 살아 계신 하나님에게서 떨어질까 염려할 것이요"

04 아담의 죄책은 우리에게 전가되었다

롬 5:12
"이러므로 한 사람으로 말미암아 죄가 세상에 들어오고 죄로 말미암아 사망이 왔나니 이와 같이 모든 사람이 죄를 지었으므로 사망이 모든 사람에게 이르렀느니라"

롬 5:19
"한 사람의 순종치 아니함으로 많은 사람이 죄인된 것 같이 한 사람의 순종하심으로 많은 사람이 의인이 되리라"

고전 15:21-22
"사망이 사람으로 말미암았으니 죽은 자의 부활도 사람으로 말미암는도다 아담 안에서 모든 사람이 죽은 것 같이 그리스도 안에서 모든 사람이 삶을 얻으리라"

05 인간의 전적 부패성
렘 17:9
"만물보다 거짓되고 심히 부패한 것은 마음이라 누가 능히 이를 알리요마는"

롬 7:18
"내 속 곧 내 육신에 선한 것이 거하지 아니하는 줄을 아노니 원함은 내게 있으나 선을 행하는 것은 없노라"

롬 8:5
"육신을 좇는 자는 육신의 일을 영을 좇는 자는 영의 일을 생각하나니"

06 죄의 보편성
왕상 8:46
"범죄치 아니하는 사람이 없사오니 저희가 주께 범죄함으로 주께서 저희에게 진노하사 저희를 적국에게 붙이시매 적국이 저희를 사로잡아 원근을 물론하고 적국의 땅으로 끌어간 후에"

시 143:2
"주의 종에게 심판을 행치 마소서 주의 목전에는 의로운 인생이 하나도 없나이다"

롬 3:12
"다 치우쳐 한가지로 무익하게 되고 선을 행하는 자는 없나니 하나도 없도다"

요일 1:8
"만일 우리가 죄 없다 하면 스스로 속이고 또 진리가 우리 속에 있지 아니할 것이요"

연구할 말씀

① 죄에 대한 성경적 명칭
욥 15:5, 33:9, 시 32:1-2, 55:15, 롬 1:18, 5:15, 요일 3:4

② 악이란 말과 죄라는 말의 비교 연구
출 5:19, 왕하 6:33, 22:16, 시 41:8, 91:10, 잠 16:4

③ 인간은 나면서부터 죄인이다
시 51:5, 사 48:8

복습 문제

1. 죄의 기원에 대한 성경적 견해를 말하라.
2. 첫 범죄는 무엇이었으며 어떤 요소가 내포되어 있는가?
3. 사탄이 유혹자였음을 어떻게 알 수 있는가?
4. 첫 범죄의 결과는 무엇이었는가?
5. 죄와 악은 같은 말인가?
6. 죄는 어디에 자리잡고 있는가?
7. 죄는 외부적인 행위에만 나타나는가?
8. 아담의 죄와 그 후손의 죄는 어떤 관계에 있는지 여러 학설을 말하라.
9. 원죄는 무엇이며 본죄와는 어떻게 다른가?
10. 전적 타락이란 어떤 개념인가?
11. 죄의 보편성에 대한 증거가 있는가?

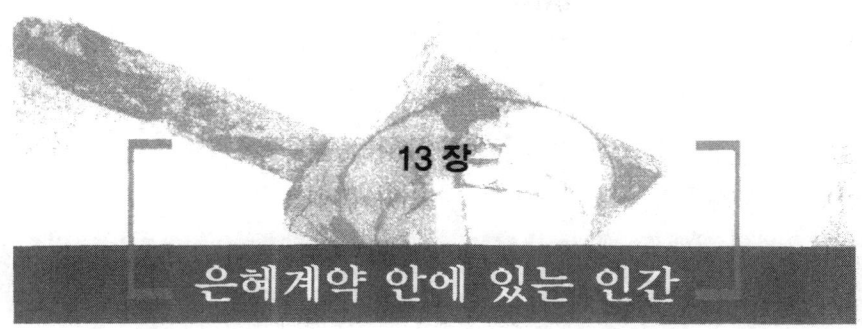

13장 은혜계약 안에 있는 인간

우리는 이 교리에 대해 잘 알기 위해서 구속의 계약과 은혜의 계약을 구별한다. 이 둘은 밀접한 관계이므로 한가지로 생각할 수 있으니, 곧 전자(구속의 계약)는 후자(은혜의 계약)의 영원한 기초가 된다.

1. 구속의 계약

구속의 계약은 스가랴 6장 13절에서 나온 명칭인데, '평화의 의논' 이라 불리워진다. 그것은 삼위를 대표하시는 성부와 선택 받은 자의 대표이신 성자 사이의 언약인 것이다.

(1) 성경적 근거

구속의 계획이 하나님의 영원한 작정 속에 있었다는 사실은 분명하다(엡 1:4, 3:11, 딤후 1:9). 그리스도는 그가 세상에 오시기 전에 그에게 맺으신 계약에 대하여 말씀하시고, 또 성부로부터 받은 부탁에 대해 거듭 거듭 언급하셨다(요 5:30, 43, 6:38-40, 17:4-12). 또 그리스도께서는 분명히 한 계약의 머리가 되신다(롬 5:12-21, 고전 15:22). 시편 2편 7-9절에 보면 계약의 당사자들에 대해 언급 되어 있고 하나의 약속이 지시되어 있다. 또 시편 40편 7-8절에서 메시아는 죄의 희생제물이 됨으로 하나님의 뜻을 행하려는 준비를 나타낸다.

(2) 구속계약에 있어서의 성자

그리스도께서는 구속계약의 머리가 되실 뿐 아니라, 보증이 되신다(히 7:22). 보증인은 타인의 법적 의무를 자신이 책임지는 인물이다. 그리스도께서는 죄인을 대신하여 죄의 형벌을 짊어지셨고, 자기 백성을 위한 법적 요구에 응하셨다. 그렇게 함으로 그리스도는 생명을 주는 영(靈)이신 마지막 아담이 되셨던 것이다(고전 15:45). 그리스도에게 있어서 이 계약은 그가 본래적 계약의 요구에 응하셨던 행위계약이었으나 우리에게 있어서는 이 계약이 은혜계약의 영원한 기초가 된다. 이 계약의 효능은 선택받은 자에게 제한되어 있다. 그들은 다만 구속을 받으며 그리스도가 죄인을 위해 이룩하신 영광을 상속 받을 뿐이다.

(3) 구속계약의 요구와 약속

a. 구속계약의 요구

성자 자신은 죄가 없지만 인간의 현재의 나약성을 책임지도록 성부께서 그에게 요구하셨다(갈 4:4-5, 히 2:10-11, 14-15, 4:15). 즉 성자는, 선택자를 위해 형벌을 받으시고 영생을 제공하기 위해서는 자신을 법 아래 처하게 해야 하며(시 40:8, 요 10:11, 갈 1:4, 4:4-5), 또 성령의 새롭게 하심으로 자신의 공적을 자기 백성에게 적용하셔서, 그들로 하여금 하나님께 대한 헌신의 생활을 유지하게 해야 했다(요 10:28, 17:19-22, 히 5:7-9).

b. 구속계약의 약속

성부께서는 성자를 위하여, 몸을 준비하시고(히 10:5), 성령으로 기름 부으시며(사 42:1, 61:1, 요 3:34), 그의 사역을 지원하며(사 42:6-7, 눅 22:43), 그를 사망 권세에서 건져 내어 자기 오른 편에 있게 하며(시 16:8-11, 빌 2:9-11), 교회의 설립을 위해 성령을 보낼 수 있게 하시며(요 14:26, 15:26, 16:13-14), 택한 자를 불러내시고 보호하며(요 6:37, 39-40, 44-45), 헤아릴 수 없이 많은 후사를 그에게 허락할 것이라고 성자에게 약속하셨다(시 22:27, 72:17).

2. 은혜의 계약

하나님께서는 구속계약에 근거해서 은혜의 계약을 확립하셨다. 이에 대해서 몇 가지 특별한 고찰이 필요하다.

(1) 계약의 당사자들

하나님께서는 계약에 있어서 제 1 당사자이시다. 하나님께서는 계약을 확립하시며, 제 2의 당사자와의 관계를 결정하신다. 그런데 제 2의 당사자가 누구인가를 결정하기란 그리 쉽지 않다. 개혁파의 통상적 견해는 제 2 당사자가 그리스도 안에서 선택 받은 죄인들이라고 한다. 그러나 우리는 여기서 이 계약이 두 가지 면에서 생각되어야 한다는 것을 명심해야 한다.

a. 목적 자체로서의 계약
상호 친교 또는 생명의 교통의 언약, 즉 계약의 목적 그 자체는 역사의 과정 속에서 성령의 역사로 말미암아 실현되어지는 것이다. 계약이란 어떤 특권이 영적 목적을 의해 증진되어지는 상태를 나타내는 것이며, 하나님의 약속은 산 믿음에 의해 받아들여지며, 그렇게 해서 약속된 축복은 완전히 실현되어지는 것이다. 이렇게 생각해 볼 때 이 계약은, 하나님과 그리스도 안에 있는 택함받은 죄인과의 은혜로운 계약으로서, 하나님께서 택함받은 죄인들에게 구원의 축복과 함께 자신을 제공해 주시고, 택함받은 죄인은 하나님과 그의 모든 은혜로운 선물을 믿음으로 받아들이기로 체결한 은혜로운 협정이라고 정의할 수 있다(신 7:9, 대하 6:14, 시 25:10, 14, 103:17-18).

b. 목적에 대한 수단으로서의 계약
이것은 영적 목적을 실현하기 위한 순수한 법적인 협정을 말한다. 성경은 이스마엘, 에서, 엘리의 악한 아들들, 그리고 죄 가운데서 죽은 패역한 이스라엘 백성들과 같은 사람들처럼 약속이 결코 실현되지 않은 경우까지도 포함한 계약에 대해 가끔 언급한 것은 분명하다. 따라서 이 계약은 하나님께서 모든 믿는 자에게는 구원의 축복을 보증해 주신 순수한 법적인 협정이라 간주할 수 있을 것이다. 우리가 이 언약을 이처럼 넓은 의미로 생각해 본다면, 우리는 하나님께서 그 언약을 믿는 자들과 그의 자녀들에게 이룩하셨다고 말할 수 있다(창 17:7, 행 2:39, 롬 9:1-4).

(2) 은혜계약의 약속과 요구
모든 계약은 양면성을 갖는데, 그것은 어떤 특권을 제공하며 동시에 어떤 의무를 부과한다.

a. 은혜계약의 약속

모든 다른 약속들도 포함하고 있는 이 계약의 주요 약속은 "나는 너희와 너희 후손들의 하나님이 되리라"고 자주 반복하신 말씀 속에 내포되어 있다(렘 31:33, 32:38-40, 겔 34:23-25, 30-31, 겔 36:25-28, 히 8:10, 고후 6:16-18). 이 계약의 약속은 현세적인 축복, 칭의, 하나님의 영, 끝없는 생명 속에서의 영화의 약속 등과 같은 다른 모든 약속들을 포함한다(욥 19:25-27, 시 16:11, 73:24-26, 사 43:25, 렘 31:33, 34, 겔 36:27, 단 12:2-3, 갈 4:4-6, 딛 3:7, 히 11:7, 약 2:5).

b. 은혜계약의 요구

은혜계약은 행위계약이 아니어서 공로가 될만한 어떤 행위를 요구하진 않지만, 그러나 인간에게 요구하는 것이 있으며 의무를 부과시킨다. 인간은 계약의 요구에 응함으로써는 아무것도 얻지 못하며 하나님께서 약속한 축복을 자기에게 주실 것이라는 뜻에 자신을 맡길 뿐이다. 더욱이 계약의 요구까지도 하나님의 약속에 의해 이루어 진다는 것을 즉 하나님께서 인간에게 요구하는 모든 것도 주신다는 것을 명심해야 한다.

하나님께서 자기와 계약 관계에 있는 자들에게 요구하시는 것은 두 가지다. ① 계약관계에 있는 인간들은 계약과 그 계약의 약속들을 믿음으로 받아들임으로 계약의 생활을 시작해야 한다는 것이다. ② 인간들은 그들 속에 있는 새 생명의 원리를 따라 새로운 순종심으로 자신을 하나님께 바쳐야 한다는 것이다.

(3) 은혜계약의 특성

a. 은혜로운 계약이다

은혜의 계약은 죄인들을 향한 하나님의 은혜의 열매와 표현이므로 은혜로운 계약이다. 이 계약은 시종일관 은혜다.

b. 영원한 계약이다
인간은 계약을 깨뜨리지만 하나님께서는 항상 계약에 대해 참되시므로 은혜계약은 영원하고 폐할 수 없는 계약이다.

c. 특수한 계약이다
은혜계약의 범위가 광범위하지만, 이 계약은 특정한 인간만을 포함하므로 특수한 계약이다. 신약시대의 계약은 그 계약이 구약에서처럼 유대인에게만 제한되지 않고, 모든 민족에게 다 미치게 된다는 의미에서 볼 때 보편적이라 할 수 있을 것이다.

d. 단일한 계약이다
은혜계약은 단일성이 그 특성이므로, 계약 이행의 형태는 변하지만 어느 시대에 있어서나 본질적으로 동일하다. 본질적으로 약속이 동일하며(창 17:7, 히 8:10), 복음도 동일하며(갈 3:8), 믿음의 요구도 동일하며(갈 3:6-7), 중보자도 동일하다(히 13:8).

e. 조건적인 동시에 무조건적인 계약이다
은혜계약은 그리스도의 순로에 의존하므로 조건적이라 할 수 있으며, 또 계약이 가져다주는 생활의 기쁨은 신앙의 훈련에 의존하므로 조건적이라 할 수 있다. 그러나 은혜계약은 인간의 어떤 공로라도 의존하지 않으므로 무조건적이라 할 수 있다.

f. 유언적 계약이다
은혜 계약은 하나님 편에서의 자유롭고 주권적인 처분이므로 유언(遺言)적이라 할 수 있다. 그것은 히브리서 9장 16절의 "유언은 유언한 사람이 죽어야 되나니"에서 나온 것이므로 유언적 계약이라 할 수 있는데, 이 말은 다음 몇 가지 사실을 강조한다. ① 은혜 계약은 하나님의 자유로운 협정이다. ② 은혜 계약의 신약적 의미는 그리스도의 죽음으로 말미암아 소개되었다. ③ 하나님께서는 그가 요구하시는 바를 계약 속에서 주신다.

g. 계약의 중보자

은혜 계약은 중보자가 있다는 면에서 행위계약과는 다르다. 그리스도께서는 새 계약의 중보자로 나타나셨다(딤전 2:5, 히 8:6, 9:15, 12:24). 또 그리스도께서는 그가 하나님과 인간 사이에 화목하도록 중재하신다는 면과 그가 화평의 실질적 성취를 위해 필요한 모든 것을 행할 충분한 능력을 소유하셨다는 면에서 중보자이시다. 그리스도께서는 보증인으로서(히 7:22), 우리의 죄를 담당하시고 죄의 형벌을 받으시고 율법을 완성하심으로 화평을 회복하신 것이다.

(4) 은혜계약 안에 있는 회원

a. 계약 안에 있는 성인

성인(成人)들은 믿음으로만 순수한 합법적 협정으로서의 계약에 들어갈 수 있으며, 은혜계약에 들어가면 동시에 생명의 교통의 계약에 들어가는 것이다.

그러므로 그들은 곧 완전한 계약 생활에 들어가게 된다.

b. 계약 안에 있는 신자의 자녀들

그러나 믿는 자들의 자녀들은 믿음에 의한 합법적 협정으로서의 계약에 들어가긴 하지만, 이것은 그들이 곧 생명의 교통으로서의 계약에 들어간다는 것을 의미하는 것은 아니며, 그런 의미에서 그들이 계약에 들어갈 것이라는 것도 의미하지 않는다.

그러나 하나님의 약속은 계약 생활이 그들의 생애 속에서 실현될 것이라는 올바른 확신을 준다. 우리는 신자의 자녀들이 신앙을 반역하지 않는 한, 그들이 새 생명을 소유하고 있다고 전제해야 할 것이다. 그들이 자라면 그들은 자발적으로 진실한 신앙을 고백하므로 계약적 책임을 받아들이게 될 것이다. 이것이 실패할 때는 그들 자신이 계약의 파괴자가 된다.

c. 계약 안에 있는 비중생자

앞서 말한 것을 보아 비중생자도 일시적으로 순수한 합법적 관계를 맺는 계약 속에 들어갈 것이라 본다(롬 9:4). 그들은 계약의 자녀들로서 인정되며, 그 요구에 복종하며, 계약의 직무를 분담한다. 또 그들은 세례의 증표를 받고 계약의 평범한 축복을 기뻐하며 성령의 특별한 역사에까지도 참여하게 된다. 그러나 만일 그들이 이에 수반되는 책임을 받아들이지 않는다면 그들은 계약의 파괴자로 인정될 것이다.

(5) 계약의 시대적 경륜

a. 계약의 최초 계시

계약의 첫 번째 계시는 창세기 3장 15절에서 찾아볼 수 있으니 그것은 항상 원복음(原福音) 또는 어머니의 약속이라고 불리워진다. 이것은 계약의 형식적인 확립이라 말할 수는 없다.

b. 노아와의 계약

노아와의 계약은 모든 혈육있는 자와의 계약으로 매우 일반적인 성질이 있다. 그것은 단지 자연적인 축복이므로, 흔히 자연의 계약 또는 일반 은총의 계약이라고 불리워진다. 그러나 은혜 계약과 밀접한 관계가 있다. 또 이 계약은 하나님의 은혜의 산물(열매)이며, 은혜 계약의 실현을 위해 절대적으로 필요한 자연적이고 현세적인 축복을 보증하는 것이다.

c. 아브라함과의 계약

아브라함과의 계약은 계약의 형식적인 확립을 나타내는 것이다. 이 계약은 구약의 특수한 통치의 시작인데, 이것은 아브라함과 그의 후손에게만 국한되어 진다. 신앙은 현저하게 계약의 필연적 요구로서 나타나며, 할례는 계약의 증표가 된다.

d. 시내산에서의 계약

시내산에서의 계약은 본질적으로 아브라함과 맺은 계약과 동일하지만, 형식면에서는 달리 이스라엘 전체 민족과 맺은 계약이므로 국가적인 계약이었다. 이 계약은 율법의 수행을 강력히 강조하지만, 그것은 행위 계약이 회복된 것으로서 간주되어서는 안 된다. 율법은 죄 의식을 증가시켰으며(롬 3:20), 그리스도에게로 인도하는 몽학 선생이 되었다(갈 3:24). 그리하여 유월절이 제 2의 성례로 첨가되었다.

e. 신약의 새 계약

신약에 계시된 새 계약(렘 31:31, 히 8:8, 13)은 본질적으로 구약의 계약과 동일하다(롬 4:, 갈 3:). 신약의 계약은 특정한 민족이나 사람의 장벽을 깨뜨리고, 그 축복이 모든 나라의 백성에게 확장된다는 의미에서 우주적(보편적)이다. 그 계약의 축복은 보다 충만하고 보다 영적이며, 세례와 성찬은 구약 성례를 대신하게 되었다.

참고할 성구

01 계약의 당사자

창 3:15
"내가 너로 여자와 원수가 되게 하고 너희 후손도 여자의 후손과 원수가 되게 하리니 여자의 후손은 네 머리를 상하게 할 것이요"

창 17:7
"내가 네 언약을 너와 나와 네 대대 후손의 사이에 세워서 영원한 언약을 삼고 너와 네 후손의 하나님이 되리라"

출 19:5-6
"세계가 다 내게 속하였나니 너희가 내 말을 잘 듣고 내 언약을 지키면 너희는 열국 중에서 내 소유가 되겠고 너희가 내게 대하여 제사장 나라가 되며 거룩한 백성이 되리라"

렘 31:31-33
"나 여호와가 말하노라 보라 날이 이르리니 내가 이스라엘 집과 유다 집에 새 언약을 세우리라 나 여호와가 말하노라 이 언약은 내가 그들의 열조의 손을 잡고 애굽 땅에서 인도하여 내던 날에 세운 것과 같지 아니할 것은 내가 그들의 남편이 되었어도 그들이 내 언약을 파하였음이니라 나 여호와가 말하노라 그러나 그날 후에 내가 이스라엘 집에 세울 언약은 이러하니 곧 내가 나의 법을 그들의 속에 두며 그 마음에 기록하여 나는 그들의 하나님이 되고 그들은 내 백성이 될 것이라"

행 2:39
"이 약속은 너희와 너희 자녀와 모든 먼 데 사람 곧 주 우리 하나님이 얼마든지 부르시는 자들에게 하신 것이라 하고"

02 계약의 약속과 요구

〈앞의 창 17:7, 출 19:5, 6, 렘 31:33 참고〉

창 15:6
"아브라함이 여호와를 믿으니 여호와께서 이를 그의 의로 여기시고"

출 19:5
"세계가 다 내게 속하였나니 너희가 내 말을 잘 듣고 내 언약을 지키면 너희는 열국 중에서 내 소유가 되겠고"

시 25:14
"여호와의 친밀함이 경외하는 자에게 있음이여 그 언약을 저희에게 보이시리로다"

시 103:17-18
"여호와의 인자하심은 자기를 경외하는 자에게 영원부터 영원까지 이르며 그의 의는 자손의 자손에게 미치리니 곧 그 언약을 지키고 그 법도를 기억하며 행하는 자에게로다"

갈 3:7,9
"그런즉 믿음으로 말미암은 자들은 아브라함의 아들인 줄 알지어다 … 그러므로 믿음으로 말미암은 자는 믿음이 있는 아브라함과 함께 복을 받느니라"

03 계약의 특성

a. 영원성
창 17:19
"… 내가 그와 내 언약을 세우리니 그의 후손에게 영원한 언약이 되리라"

사 54:10
"산들은 떠나며 작은 산들은 옮길지라도 나의 인자는 네게서 떠나지 아니하며 화평케 하는 나의 언약은 옮기지 아니하리라 너를 긍휼히 여기는 여호와의 말이니라"

사 24:5
"땅이 또한 그 거민 아래서 더럽게 되었으니 이는 그들이 율법을 범하여 율례를 어기며 영원한 언약을 파하였음이라"

b. 유일성(갈 3:7 위의 것 참조)
롬 4:11
"저가 할례의 표를 받은 것은 무할례시에 믿음으로 된 의를 인친 것이니 이는 무할례자로서 믿는 모든 자의 조상이 되어 저희로 의로 여기심을 얻게 하려 하심이라"

c. 유언적(서약적)
히 9:17-18
"유언은 그 사람이 죽은 후에야 견고한즉 유언한 자가 살았을 때에는 언제든지 효력이 없느니라 이러므로 첫 언약도 피 없이 세운 것이 아니니"

04 언약의 중보자

딤전 2:5
"하나님은 한 분이시요 또 하나님과 사람 사이에 중보도 한 분이시니 곧 사람이신 그리스도 예수라"

히 7:22
"이와 같이 예수는 더 좋은 언약의 보증이 되셨느니라"

히 8:6
"그러나 이제 그가 더 아름다운 직분을 얻으셨으니 이는 더 좋은 약속으로 세우신 더 좋은 언약의 중보시라"

연구할 말씀

① 특별 계약에 대한 성경적 명칭
창 31:44, 신 29:1, 삼상 18:3, 삼하 23:5

② 계약을 파기한 실례
창 25:32-34, 히 12:16-17, 출 32:1-14, 민 14:, 16:, 삿 2:11, 삼상 2:12, 사 24:5, 겔 16:59, 호 6:7, 8:1, 10:4

③ 율법의 요구가 계약을 본질적으로 변화시켰는가?
롬 4:13-17, 갈 3:17-24

복습 문제

1. 구속계약이란 무엇인가? 그리고 은혜계약과는 어떤 관계가 있는가?
2. 구속계약에 대한 성경의 증거가 무엇인가?
3. 구속계약에서 그리스도의 공적인 지위는 무엇인가?
4. 구속계약에서 그리스도는 누구를 대표하고 있는가?
5. 하나님은 그리스도에게 무엇을 요구하였고 무엇을 약속하셨는가?
6. 은혜계약에서는 누가 당사자인가?
7. 은혜계약 아래 있는 자에게 하나님은 무엇을 요구하시는가?
8. 은혜계약의 특색은 무엇인가?
9. 은혜계약은 어떤 의미에서 폐할 수 없고, 어떤 의미에서 폐할 수 있는가?
10. 은혜계약은 어떤 의미에서 조건적이고 또 무조건적인가?
11. 은혜계약에서 그리스도의 위치는 무엇인가?
12. 성인들은 어떻게 은혜계약에 들어갈 수 있는가?
13. 신자의 자녀는 어떻게 은혜계약에 들어갈 수 있는가?
14. 중생받지 못한 자도 은혜계약에 들어갈 수 있는가?
15. 은혜계약의 첫 계시는 어디에 있는가?
16. 노아와의 계약은 어떤 성질의 것인가?
17. 아브라함과의 계약과 시내산에서의 계약은 어떻게 다른가?
18. 신약에서는 은혜계약은 어떤 특징을 갖고 있는가?

A Summary of Christian Doctrine

》》4부 기독론

14. 그리스도의 명칭과 본질
15. 그리스도의 신분
16. 그리스도의 직무
17. 그리스도의 속죄

14장
그리스도의 인격
그리스도의 명칭과 본질

1. 그리스도의 명칭

그리스도의 가장 중요한 명칭들은 다음과 같다.

(1) 예수(Jesus)

예수란 이름은 히브리어 여호수아(수 1:1, 슥 3:1) 또는 예수아(스 2:2)의 헬라어 형태이다. 이 명칭은 '구원하다' 라는 히브리어에서 파생된 것으로 구주되시는 그리스도를 가리키는 것이다(마 1:21), 구약에 나타난 그리스도의 두 가지 모형은 동일한 이름 즉 눈의 아들 여호수아와 여호사닥의 아들 여호수아이다.

(2) 그리스도(Christ)

그리스도란 이름은 '기름부음을 받은 자' 란 뜻으로, 구약의 메시아에 대한 신약적 형태이다. 구약에 보면 선지자(왕상 19:16), 제사장(출 29:7), 왕(삼상 10:1)은 성령의 상징인 기름부음을 받았던 것이다. 그들은 기름부음을 받음으로 그들 각자의 직무를 위해 구별되었고 그것을 위해 자격을 얻었다. 그리스도는 선지자, 제사장, 왕의 3가지 직무를 위해 성령으로 기름부음을 받으셨다. 역사적으로는 이 기름부음이 그리스도께서 성령으로 잉태되었을 때와 세례받았을 때 이루어졌던 것이다.

(3) 인자(人子, Son of Man)

그리스도에게 적용된 이 명칭은 다니엘 7장 13절에 근거한 것으로, 예수께서 자신에게 적용하신 가장 통상적인 명칭이며, 다른 사람들은 이 명칭을 거의 사용하지 않았다. 인자란 명칭은 예수님의 인간성의 표시이지만, 그 역사적 기원을 보면 그것은 그의 초인간적 특성을 지적해 주며, 또한 그리스도께서 위엄과 영광으로 하늘의 구름을 타고 장차 오심을 지적해 주는 것이다(단 7:13, 마 16:27-28, 26:64, 눅 21:27).

(4) 하나님의 아들(Son of God)

그리스도는 몇 가지 의미로 '하나님의 아들' 이라고 불리워지는데, 그 이유는 다음과 같다. 삼위 중 제 2위이시며 자신이 하나님이시며(마 11:27), 기름부음 받은 메시야이시며(마 24:36), 그의 탄생이 성령의 초자연적 역사에 의한 것이기 때문이다(눅 1:35).

(5) 주(主, Lord)

예수님 당시의 사람들은, 우리가 선생님이란 말을 존칭어로 사용하듯, 존칭어인 이 명칭을 예수님에게 적용했다. 그 명칭이 특별한 깊은 의미를 갖게 된 것은 그리스도의 부활사건부터이다. 주(主)란 명칭은 교회의 주인이며 통치자 되시는 그리스도를 의미하며(롬 1:7, 엡 1:17), 하나님께 대한 명칭으로도 표현도어 있다(고전 7:34, 빌 4:4-5).

2. 그리스도의 본성

성경은 그리스도께서 두 가지 성품 즉 인성과 신성을 가지신 분으로 가르쳐 준다. 이것은 하나님께서 육신으로 나타나신바 위대한 신적 신비인 것이다(딤전 3:16).

(1) 두 가지 본질(성품)

a. 신성(神性)

오늘날 많은 사람들이 그리스도의 신성을 부인하므로, 이에 대한 성경적 증거를 강조하는 것이 필요한 줄로 안다.

  구약 ···▶ 사 9:6, 렘 23:6, 디 5:2, 말 3:1,

  신약 ···▶ 마 11:27, 16:16, 26:63-64, 요 1:1, 18, 롬 9:5, 고전 2:8, 고후 5:10,
        빌 2:6, 골 2:9, 히 1:1-3, 계 19:16.

b. 인성(人性)

예수의 인성은 문제시 되지 않는다. 사실상 아직도 많은 사람들이 주장하고 있는 예수의 유일한 신성(神性)은 그의 완전한 인간성의 표현인 것이다. 예수의 인성에 관한 증거도 많이 있다. 예수님께서는 자신을 사람(요 8:40)이라 말씀하셨고, 다른 사람에 의해서도 그렇게 불리워졌다(행 2:22, 롬 5:15, 고전 15:21). 예수님께서는 인성의 본질적 요소, 즉 육체와 영혼을 소유하셨다(마 26:26, 38, 눅 24:39, 히 2:14). 그뿐 아니라 그는 인간의 정상적인 성장과정(눅 2:40, 52)을 따르셨고, 인간적 욕망과 고통에도 영향을 받으셨다(마 4:2, 8:24, 눅 22:44, 요 4:6, 11:35, 12:27, 히 2:10, 18, 5:7-8).

그러나 예수님께서 참 인간이시지만, 그는 죄가 없으시다. 다시 말하면 죄를 짓지 않으셨으며, 죄를 지으실 수도 없다(요 8:46, 고후 5:21, 히 4:15, 9:14, 벧전 2:22, 요일 3:5). 그리스도께서 하나님과 인간이 되셔야 함은 필연적인 것이었다. 그가 우리를 대신하여 고난을 받아 죽기 위해서는 인간이 되어야 했고, 또 그가 인간의 죄를 구속할 수 있기 위해서도 죄 없으신 인간이 되셔야만 했다. 또 그가 무한한 가치의 희생을 제공하고, 하나님의 진노로부터 인간을 건지실 수 있기 위해서는 하나님이 되셔야 했다(시 40:7-10, 130:3).

(2) 한 인격 속에 결합된 두 성품

그리스도께서는 인성을 가지셨지만 인간의 인격은 아니시다. 중재자의 인격은 불변하시는 하나님의 아들이시다. 그리스도께서는 인간이 되심으로 하나의 인간 인격으로 변한 것도 아니요, 또한 하나의 인간 인격을 취하신 것도 아니시다. 그리스도께서는 그의 신성에 덧붙여 인성을 취하셨는데, 그 인성은 다만 독립적 인격으로 발전할 수 없으나, 하나님의 아들의 인격 속에서 인격적이 된 인성인 것이다. 이런 인성을 취하신 후 중보자의 인격은 신적일 뿐 아니라 동시에 신인(神人)적인 것이다. 그는 인성과 신성의 모든 본질을 소유하신 신인(神人)이시다. 그는 신적 의지와 인적 의지를 소유하셨듯이, 신적 의식과 인적 의식을 소유하고 계시다.

이 진리는 인간으로서는 측량할 수 없는 신비인 것이다. 성경은 분명히 그리스도 인격의 단일성을 지적해준다. 말하시는 의식이 인적이든 신적이든 관계없이 말하는 분은 언제나 동일한 인격(요 10:30, 17:5, 비교: 마 27:46, 요 19:28)이시다. 인간의 속성과 행동은 가끔 신적 칭호로 표현된 인격으로 묘사되고(행 20:28, 고전 2:8, 골 1:13-14), 신적 속성과 행동도 가끔 인간적 칭호로 표현된 인격으로 묘사된다(요 3:13, 6:62, 롬 9:5).

(3) 이 교리에 관한 오류

초대교회 당시 알로기파와 에비온파는 그리스도의 신성을 부인했다. 개혁시대의 쏘시니안파와 유니테리안파와 오늘의 현대주의자들도 이러한 부인설을 따른다. 초대 교회의 아리우스는 그리스도의 완전한 신성을 부당한 것으로 보았으며 그리스도를 반신(半神)으로 간주한데 반해, 아폴리나리스는 그리스도의 완전한 신성을 인정하지 않고 신적 로고스가 그리스도 안에서 인간의 영을 대신해서 취한 것이라고 주장했다. 네스토리안파는 한 인격 속에서의 두 본질의 결합을 부인했으며, 유티커스파는 두 본질을 완전히 분간하지 않았다.

참고할 성구

① 그리스도의 신성

사 9:6
"이는 한 아기가 우리에게 났고 한 아들을 우리에게 주신바 되었는데 그 어깨에는 정사를 메었고 그 이름은 기묘자라 모사라 전능하신 하나님이라 영존하시는 아버지라 평강의 왕이라 할 것임이라"

렘 23:6
"그의 날에 유다는 구원을 얻겠고 이스라엘은 평안히 거할 것이며 그 이름은 여호와 우리의 의라 일컬음을 받으리라"

요 1:1
"태초에 말씀이 계시니라 이 말씀이 하나님과 함께 계셨으니 이 말씀은 곧 하나님이시니라"

롬 9:5
"조상들도 저희 것이요 육신으로 하면 그리스도가 저희에게서 나셨으니 저는 만물 위에 계셔 세세에 찬양을 받으실 하나님이시라 아멘"

골 2:9
"그 안에는 신성의 모든 충만이 육체로 거하시고"

② 그리스도의 인성

요 8:40
"지금 하나님께 들은 진리를 너희에게 말한 사람인 나를 죽이려 하는도다 아브라함은 이렇게 하지 아니하였느니라"

마 26:38
"이에 말씀하시되 내 마음이 심히 고민하여 죽게 되었으니 너희는 여기 머물러 나와 함께 깨어 있으라 하시고"

눅 24:39
"내 손과 발을 보고 나인 줄 알라 또 나를 만져 보라 영은 살과 뼈가 없으되 너희 보는 바와 같이 나는 있느니라"

히 2:14
"자녀들은 혈육에 함께 속하였으매 그도 또한 한 모양으로 혈육에 함께 속하심은 사망으로 말미암아 사망의 세력을 잡은 자 곧 마귀를 없이 하시며"

③ 인격의 단일성

요 17:5
"아버지여 창세 전에 내가 아버지와 함께 가졌던 영화로써 지금도 아버지와 함께 나를 영화롭게 하옵소서"

요 3:13
"하늘에서 내려온 자 곧 인자 외에는 하늘에 올라간 자가 없느니라"

고전 2:8
"이 지혜는 이 세대의 관원이 하나도 알지 못하였나니 만일 알았더면 영광의 주를 십자가에 못 박지 아니하였으리라"

연구할 말씀

① 어떤 면에서 구약의 여호수아가 그리스도의 모형인가?
슥 3:8-9, 히 4:8

② 그리스도의 기름부음을 받음에 대하여
시 2:2, 45:7, 잠 8:23, 사 61:1

③ 그리스도의 신적 특성→사 9:6, 잠 8:22-31, 미 5:2, 요 5:26, 21:17
　　　　　　신적 사명→막 2:5-7, 요 1:1-3, 골 1:16-17, 히 1:1-3
　　　　　　신적 권위→마 28:19, 요 5:19-29, 14:1, 고후 13:13

복습 문제

1. 그리스도의 이름 중 가장 중요한 이름들은 무엇이며 그 뜻은 무엇인가?
2. 그리스도께서 기름부음 받으심에는 어떤 요소가 내포되어 있는가?
3. 인자란 이름은 어디에서 비롯하였으며 그 뜻은 무엇인가?
4. 하나님의 아들이란 어떤 의미인가?
5. 주라는 이름에는 어떤 의미가 있는가?
6. 그리스도의 신성과 인성에 대한 성경적 근거는 무엇인가?
7. 그리스도의 본성은 신적인가 인적인가 신인적인가?
8. 그리스도의 신성과 인성의 일치가 성경적으로 어떻게 증명되는가?
9. 그리스도의 성품에 대한 종래 도류를 열거하라.

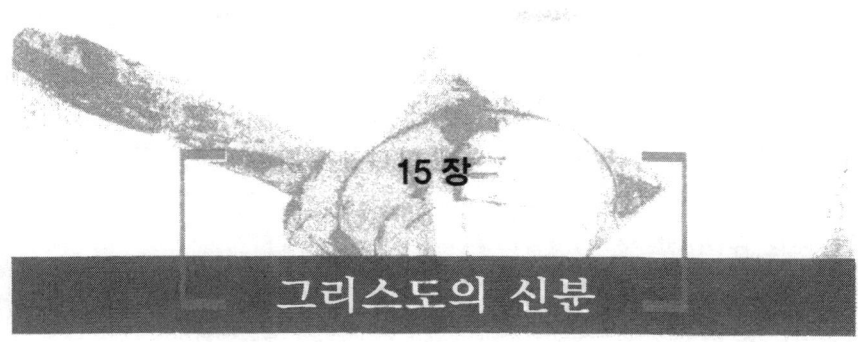

15장 그리스도의 신분

우리는 가끔 '신분'과 '상태'라는 말을 상호 교차해서 사용한다. 그러나 우리가 그리스도의 신분에 대해 말할 때, 우리는 율법과 율법 앞에 선 그리스도와 관계를 설명하기 위해 보다 특수한 의미로 '신분'이란 말을 사용한다. 그리스도께서는 낮아지셨을 때는 율법 아래 있는 종이었으나 높아지셨을 때는 율법을 초월한 주님이시다. 자연히 이 두 가지 신분은 생명의 상태와 조화를 이루면서 동반하게 되며, 이들은 몇 가지 단계로 언급된다.

1. 낮아지신 신분

낮아지신 신분은 그리스도께서 우주의 주권적인 통치자로서 자신의 것이었던 신적 위엄을 버리시고, 종의 형체로 인성을 취하셨으며, 최고의 율법 수여자이신 그가 율법의 요구와 율법의 저주 아래 굴복하게 되셨다는 데 있다(마 3:15, 갈 3:13, 4:4, 빌 2:6-8). 그리스도의 이 신분은 그에 상응하는 상태로 나타나는데, 우리는 흔히 다음 몇 가지 단계로 구분한다.

(1) 그리스도의 성육신(成肉身)

하나님의 아들은 인성을 취하심으로 육신이 되셨다(요 1:14, 요일 4:2). 그리스도께서는 실제로 마리아에게서 나심으로 인류 중의 한 사람이 되셨던 것이다. 그런데 만일 그가 재세례파의 주장과 같이 하늘에서부터 그의 인간성을 부여받으셨다면, 성육신은 참된 것이 아니었을 것이다. 성경은 동정녀 탄생을 가르쳐 준다(사 7:14, 마 1:20, 눅 1:34-35). 이 이상한 출생은 시초부터 죄의 오염에서 그리스도의 인성을 보호해 준 성령의 초자연적인 역사(눅 1:35)에 의한 것이었다.

(2) 그리스도의 고난

우리는 가끔 그리스도의 고난이 그의 최후적 고통에만 국한된 것처럼 말하지만 이는 잘못된 것이다. 그리스도의 전생활이 고난의 생활이었다. 그의 생활은 만주의 주가 종이 되신 생활이었으며, 죄로 저주 받은 세상에서 무죄한 자의 생활이었다. 사탄은 그를 공격했고, 그의 백성은 그를 배반했으며, 그의 대적들은 그를 괴롭혔다. 영혼의 고난은 육체의 고난보다 더 격렬한 것이었다. 그리스도께서는 악마에 의해 유혹받으셨고, 자기 주위의 불의한 세상에 의해 억압을 받으셨고, 자기에게 지워진 죄짐에 의해 눌림을 받으셨으므로, 그는 슬픔의 사람이었으며 질고를 아는 자이셨다 (사 53:3).

(3) 그리스도의 죽으심

우리는 그리스도의 죽으심에 대해 말할 때, 자연히 그의 육체적 죽음을 생각한다. 그는 어떤 불의한 사건의 결과로 죽은 것이 아니며, 어떤 암살자의 손에 의해 죽은 것이 아니라, 법적 판결에 의해 죽으신 것이며, 죄인으로 간주되셨던 것이다 (사 53:12), 그는 로마의 십자가 형벌을 받으심으로 우리를 위해 저주를 대신 짊어지시고 저주된 죽음을 죽으셨던 것이다 (신 21:23, 갈 3:13).

(4) 그리스도의 장사 지냄

그리스도의 죽음이 마치 그의 고난의 최후 단계이었던 것처럼 생각될 것이다. 그는 십자가 상에서 "다 이루었다"라고 외치지 아니했던가? 그러나 이 말은 아마도 그의 능동적 고난을 말해주는 것일 것이다. 그의 장례는 확실히 하나님의 아들된 자로서 인식했던 바 낮아지심의 한 형태인 것이다. 인생이 흙으로 돌아감은 죄에 대한 형벌인 것이다(창 3:19). 다음의 성구들에 나타난 바와 같이 구원자가 무덤에 머무심은 하나의 낮아지신 신분이다(시 16:10, 행 2:27, 31, 13:34-35). 이는 우리에게서 무덤에 대한 공포를 제거해 준다.

(5) 지옥에 내려가심

사도신경에 있는 "그가 음부에 내려가시고"란 말은 여러 가지로 해석된다(우리나라에서는 빠짐, 역자 주), 로마 카톨릭은 그리스도가 구약 성도들을 해방하기 위해 그들이 갇혀 있는 선조 림보(limbus Patrum)에 내려가셨다고 말하며, 루터파는 그리스도께서 그의 죽음과 부활 기간에 흑암의 권세에 대한 그의 승리를 선포하며 기념하기 위해 음부에 내려가셨다고 본다. 아마도 다음과 같은 사실을 말하는 상징적 표현이 될 것이다. ① 그는 동산에서와 십자가 위에서 지옥의 고통을 당하셨고, ② 그는 사망의 상태에 있어서 가장 낮아지신 상태에 들어 가셨다(시 16:8-10, 엡 4:9).

2. 높아지심의 신분

높아지심의 신분으로 그리스도께서는 죄에 대한 형벌을 지불하시고 죄인을 위하여 의와 영생을 준비하시므로 계약적 의무인 율법의 지배로부터 벗어나시게 되었다. 그뿐 아니라 그는 훌륭한 존귀와 영광으로 면류관을 쓰시게 되었다. 여기에서는 네 단계로 구분되어야 한다.

(1) 부활

그리스도의 부활은 육체와 영혼의 단순한 재결합으로 된 것이 아니라, 자기 안의 인간성, 즉 육체와 영혼이 그 본래의 아름다움과 강함을 회복하고 최고의 자리에 이름으로 되어진 것이다. 그리스도 이전에 부활한 자들과는 달리 그리스도께서는 영적인 육체를 가지시고 부활하셨다(고전 15:44-45). 그런 이유로 그리스도께서는 잠자는 자의 첫 열매(고전 15:20)와 죽은 자들 가운데 먼저 나신 자(골 1:18, 계 1:5)라고 불리워질 수 있는 것이다. 그리스도의 부활은 3가지 의미를 갖는다.

① 그리스도의 부활은 그리스도가 율법의 모든 요구에 응하셨다는 데 대한 하나님의 선포이였다(빌 2:9). ② 그리스도의 부활은 성도의 칭의와 중생과 최종 부활을 상징하신 것이다(롬 6:4-5, 9, 고전 6:14, 15:20-22). ③ 그리스도의 부활은 우리의 칭의와 중생과 부활의 원인이 되는 것이다(롬 4:25, 5:10, 엡 1:20, 빌 3:10, 벧전 1:3).

(2) 승천

승천은 어떤 의미에서 부활의 필연적 완성이었으나 승천도 독자적 의미를 가졌다고 본다.

우리는 누가복음 24장 50-53절, 사도행전 1장 6-11절에서 이에 대한 이중적 설명을 찾아볼 수 있다. 바울은 에베소서 1장 20절, 4장 8-10절, 디모데전서 3장 16절에서 이에 대해 말씀하였고, 히브리서도 승천의 의미에 대해 강조했다(히 1:3, 4:14, 6:20, 9:24). 승천은 지상에서 하늘로, 한 장소에서 다른 곳으로 옮겨가는 그리스도의 인성을 따른 중보자의 유형적인 상승이라고 묘사될 수 있다. 그것은 그리스도의 인성의 현저한 영화를 내포한 것이다. 루터파는 승천에 대한 다른 견해를 갖는다. 그들은 승천을 하나의 조건의 변화라고 보며, 그것으로 말미암아 예수님의 인성이 어떤 신적 속성의 완전한 기쁨에 들어가시어서 영구히 편재하시게 되었다고 생각한다.

우리의 대제사장이 되시는 그리스도께서는 승천하심으로 그의 희생을 성부께 나타내기 위해 성소에 들어가 보좌에서 중보자의 역할을 하신다(롬 8:34, 히 4:14, 6:20, 9:24). 그는 우리의 거할 처소를 예비하시기 위해 승천하신 것이다(요 14:1-3). 우리는 이미 그와 더불어 하늘 처소에 거하게 되었고 그의 승천하심으로 우리도 하늘에 있는 처소에 대한 확신을 가지게 되었다(엡 2:6, 요 17:24).

(3) 하나님의 우편에 계심

그리스도께서는 승천하신 후 하나님의 우편에 앉으시게 되었다(엡 1:20, 히 10:12, 벧전 3:22). 자연히 '하나님의 우편'이란 표현은 문자적으로 취급될 수 없으나 권능과 영광의 처소를 말하는 상징적 지시로 이해해야 한다. 그리스도께서는 하나님의 우편에 계시는 동안에 그의 교회를 다스리시며, 보호하시며, 우주를 통치하시며, 그의 완전한 희생에 근거해서 그의 백성을 위해 중재의 역할을 하신다.

(4) 육체적 재림

그리스도께서 산 자와 죽은 자를 심판하러 오실 때 그리스도의 높아지심은 최절정에 달하게 된다. 분명히 그의 재림은 육체적이고 유형적이 될 것이다(행 1:11, 계 1:7). 그리스도께서 심판하시러 오실 것이라는 사실은 성경 여러 군데에 분명히 나타나 있다(요 5:22, 27, 행 10:42, 롬 2:16, 고후 5:10, 딤후 4:1). 그리스도의 재림 시기는 우리에게 알려지지 않았다. 그는 세상을 심판하러 오실 목적과 자기 백성의 구원을 완성하실 목적으로 오실 것이다. 재림은 그의 구속사역의 완전한 승리를 나타내 주는 것이다(고전 4:5, 빌 3:20, 골 3:4, 살전 4:13-17, 살후 1:7-10, 살후 2:1-12, 딛 2:13, 계 1:7).

참고할 성구

01 낮아지는 신분

갈 3:13
"그리스도께서 우리를 위하여 저주를 받은바 되사 율법의 저주에서 우리를 속량하셨으니 기록된 바 나무에 달린 자마다 저주 아래 있는 자라 하였음이라"

갈 4:4-5
"때가 차매 하나님이 그 아들을 보내사 여자에게서 나게 하시고 율법 아래 나게 하신 것은 율법 아래 있는 자들을 속량하시고 우리로 아들의 명분을 얻게 하려 하심이라"

빌 2:6-8
"그는 근본 하나님의 본체시나 하나님과 동등됨을 취할 것으로 여기지 아니하시고 오히려 자기를 비어 종의 형체를 가져 사람들과 같이 되었고 사람의 모양으로 나타나셨으매 자기를 낮추시고 죽기까지 복종하셨으니 곧 십자가에 죽으심이라"

02 성육신

요 1:14
"말씀이 육신이 되어 우리 가운데 거하시매 우리가 그 영광을 보니 아버지의 독생자의 영광이요 은혜와 진리가 충만하더라"

롬 8:3
"율법이 육신으로 말미암아 연약하여 할 수 없는 그것을 하나님은 하시나니 곧 죄를 인하여 자기 아들을 죄 있는 육신의 모양으로 보내어 육신에 죄를 정하사"

03 처녀탄생

사 7:14
"그러므로 주께서 친히 징조로 너희에게 주실 것이라 보라 처녀가 잉태하여 아들을 낳을 것이요 그 이름을 임마누엘이라 하리라"

눅 1:35
"천사가 대답하여 가로되 성령이 네게 임하시고 지극히 높으신 이의 능력이 너를 덮으시리니 이러므로 나실바 거룩한 자는 하나님의 아들이라 일컬으리라"

04 지옥(하데스)에 내려가심

시 16:10
"이는 내 영혼을 음부에 버리지 아니하시며 주의 거룩한 자로 썩지 않게 하실 것임이로다"

엡 4:9
"올라가셨다 하였은즉 땅 아랫 곳으로 내리셨던 것이 아니면 무엇이냐"

⑤ 부활

롬 4:25
"예수는 우리 범죄함을 위하여 내어줌이 되고 또한 우리를 의롭다 하심을 위하여 살아나셨느니라"

고전 15:20
"그러나 이제 그리스도께서 죽은 자 가운데서 다시 살아 잠자는 자들의 첫 열매가 되셨도다"

⑥ 승천

눅 24:51
"축복하실 때에 저희를 떠나 하늘로 올리우시니"

행 1:11
"가로되 갈릴리 사람들아 어찌하여 서서 하늘을 쳐다 보느냐 너희 가운데서 하늘로 올리우신 이 예수는 하늘로 가심을 본 그대로 오시리라 하였느니라"

⑦ 우편에 계심

엡 1:20
"그 능력이 그리스도 안에서 역사하사 죽은 자들 가운데서 다시 살리시고 하늘에서 자기의 오른편에 앉히사"

히 10:12
"오직 그리스도는 죄를 위하여 한 영원한 제사를 드리시고 하나님 우편에 앉으사"

⑧ 재림

행 1:11
(앞에 인용된 성구)

계 1:7
"볼지어다 구름을 타고 오시리라 각인의 눈이 그를 보겠고 그를 찌른 자들도 볼 터이요 땅에 있는 모든 족속이 그를 인하여 애곡하리니 그러하리라 아멘"

연구할 말씀

① **낮아지신 신분에 대한 구약의 예언**
시 22:6-20, 69:7-9, 20:21, 사 52:14-15, 53:1-10, 슥 11:12-13

② **그리스도께서 우리를 위해 시험받으신 데 대한 특별한 가치**
히 2:18, 4:15, 5:7-9

③ 천국은 하나의 상태라 보기보다는 장소로 보아야 한다.
신 30:12, 수 2:11, 시 139:8, 전 5:2, 사 66:1, 롬 10:6-7

복습 문제

1. 중보자의 상태란 무엇을 의미하는가?
2. 그리스도의 낮아지심과 높아지심은 어떻게 정의할 수 있는가?
3. 성육신에서는 어떤 일이 일어났는가?
4. 그리스도는 어떻게 인성을 받으셨는가?
5. 동정녀 탄생에 대한 증거는 무엇인가?
6. 성령님은 그리스도의 탄생과 어떤 관계가 있는가?
7. 그리스도의 고난은 그의 죽으심으로 끝났는가?
8. 그리스도께서 어떻게 죽으셨는가에 따라 무슨 차이가 있는가?
9. 지옥에 내려가셨다는 사건에 대한 견해들을 열거하라.
10. 그리스도의 부활의 성격은 어떠하였는가?
11. 부활의 의의는 무엇인가?
12. 승천이란 장소에서 장소로 이동함이라는 증거가 있는가?
13. 승천의 의미는 무엇인가?
14. 하나님 우편에 앉으셨다는 말은 무슨 뜻인가? 그리고 거기에서 무엇을 하시는가?
15. 그리스도는 어떻게 재림할 것이며 그 재림의 목적은 무엇인가?

16장
• • 그리스도의 사역 • •
그리스도의 직무

성경은 그리스도에게 세 가지 직무 곧 선지자, 제사장, 왕의 직무가 있다고 가르쳐 준다.

1. 선지자직(先知者職)

구약(신 18:15, 비교, 행 3:23)은 그리스도께서 선지자로 오실 것을 예언했다. 그리스도는 자신을 선지자라고 말씀하셨고(눅 13:33), 아버지로부터 메시지를 가져오셨다고 말씀하셨다(요 8:26-28, 12:49-50, 14:10, 24). 그리고 장래 일을 예고하셨으며(마 24:3-35, 눅 19:41-44), 독특한 권위로 말씀하셨다(마 7:29). 그러므로 백성들이 그를 선지자로 인정했다는 사실은 이상한 일이 아니다(다 21:11, 46, 눅 7:16, 24:19, 요 6:14, 7:40, 9:17). 선지자는 꿈이나 환상(幻像) 또는 언어 전달을 통해 하나님의 계시를 받아서 선지자적 활동을 하는 가운데 이 계시를 구술적으로나 가시적으로 백성에게 전달해 주었다(출 7:1, 신 18:18, 민 12:6-8, 사 6:, 렘 1:4-10, 겔 3:1-4, 17).

그의 일은 과거, 현재, 미래를 모두 포함한 것이었다. 그의 중요한 일 중의 하나는 백성들을 위해 율법을 도덕적이고 영적인 면에서 해석하는 것이었다. 그리스도께서는 구약시대에 이미 선지자로 일하셨다(벧전 1:11, 3:18-20).

그는 지상에 계시는 동안 선지자의 일을 행하셨고, 승천하신 후에는 성도들을 통하여 성령의 역사로 그 사명을 계속하셨다(요 14:26, 16:12-14, 행 1:1). 지금도 그의 선지자적 사명은 말씀의 역사와 신자들의 영적인 조명을 통하여 계속된다. 이 사명은 현대 자유주의 신학에서도 유일하게 인정해 주는 그리스도의 직능인 것이다.

2. 제사장직(祭司長職)

구약은 오실 구속주가 제사장이시라는 것을 예언하고 예시했다(시 110:4, 슥 6:13, 사 53:). 신약에서는 그를 제사장이라고 부른 책이 하나 있는데 그것은 히브리서이다. 거기에는 여러 번 반복적으로 이 사실을 밝혀주고 있다(히 3:1, 4:14, 5:5, 6:20, 7:26, 8:1). 그러나 다른 저서들도 그의 제사장적 사역에 대해 말하고 있다(막 10:45, 요 1:29, 롬 3:24-25, 고전 5:7, 요일 2:2, 벧전 2:24, 3:18). 예언자는 하나님을 백성들에게 소개하는 일을 하지만 제사장은 백성을 하나님 앞에 나타내는 일을 한다. 이 둘 다 선생이었으나, 예언자는 도덕적인 것을 가르친 데 반해 제사장은 예법(제사법)을 가르쳤다. 뿐만 아니라, 제사장들은 하나님께 나아가는 특권을 가졌으며, 백성을 대신하여 하나님께 말씀드리는 특권을 가졌다. 우리는 히브리서 5장 1-3절에서 제사장이 백성 중에서 그들의 대표로 뽑혀 하나님의 인정을 받고, 백성의 유익을 위해 활동하며, 속죄를 위하여 제물과 희생을 드린다는 것과 또 백성을 위해 중재의 역할을 한다는 것을 볼 수 있다.

(1) 그리스도의 희생적 사역

제사장으로서의 그리스도께서 하시는 일은 무엇보다 사죄를 위한 희생을 드리는 것이라고 하겠다. 구약의 희생은 다가올 그리스도의 위대한 희생을 예시해 주는 형태였다(히 9:23-24, 10:1, 13:11-12). 그러므로 그리스도께서는 "하나님의 어린양"(요 1:29)이요, "유월절 양"(고전 5:7)이라 불리워진다. 신약은 여러 곳에서 그리스도의 제사장직 사역에 대해 분명히 말해 주고 있다(막 10:45, 요 1:29, 롬 3:24-25, 5:6-8, 고전 5:7, 15:3, 갈 1:4, 엡 5:2, 벧전 2:24, 3:18, 요일 2:2, 4:10, 계 5:12). 이는 특히 히브리서에 잘 나타나 있다(히 5:1-10, 7:1-28, 9:11-15, 24-28, 10:11-14, 19-22, 12:24, 13:12).

(2) 그리스도의 중재

제사장이신 그리스도는 죄를 위한 큰 희생을 드릴 뿐만 아니라, 그의 백성을 위해 중재의 역할을 하기도 하신다. 그리스도께서는 요한복음 14장 16절에서 함축적으로 우리의 보혜사(parakletos)라고 불리워졌다. 그리고 요한일서 2장 2절에 나타난 이 용어는 분명히 돕기 위해 부름받은 자, 타인의 소송을 변호하는 자를 의미한다. 신약(롬 8:34, 히 7:25, 9:24, 요일 2:1)은 그리스도를 중보자로 말해주고 있다.

그리스도의 중보적 사역은 그의 희생에 근거를 두고 있다. 그것은 가끔 잘못 생각되는 것처럼 중보적 기도에만 국한되지 않는다. 그는 하나님께 자신의 희생을 드림으로 자기 백성을 위한 신령한 축복을 요구하며, 사탄과 율법과 양심의 고소로부터 이런 신령한 축복을 보호하며, 이들을 대적하여 일어나는 모든 것에 대해 용서해 줄 것을 확증하며, 성령의 역사를 통하여 그들의 예배와 봉사를 하나님께 바친다. 이러한 중보적 역할은 성질상 국한된 것으로 선택받은 자에게만 관계되어 있다. 이미 믿었든지 아직 불신앙 속에 살든지 간에 선택받은 모든 자를 포함한다는 것이다(요 17:9, 20).

3. 왕직(王職)

하나님의 아들이신 그리스도께서는 자연적으로 하나님의 우주적 통치에 함께 참여하신다. 이와 관련해서 우리는 중재인으로서 그리스도가 부여 받으신 왕권에 대해서 말하는 것이다. 그러므로 이러한 왕권은 교회를 향한 영적 왕권과 우주를 향한 왕권의 이중적인 의미를 갖는다.

(1) 영적 왕권

성경은 여러 곳에서 이에 대해 말한 바 있다(시 2:6, 132:11, 사 9:6-7, 미 5:2, 슥 6:13, 눅 1:33, 19:38, 요 18:36-37, 행 2:30-36), 그리스도의 왕권은 자기 백성을 향한 그의 통치인 것이다. 그것은 영적이라고 불리운다. 왜냐하면 그의 왕권이 영적 영역에 속한 것이며, 신자들의 마음과 생활 속에서 이루어지며, 죄인을 구원하려는 영적 목적을 가지며, 영적 수단인 말씀과 성령에 의해 실시되기 때문이다.

그리스도의 왕권은 교회의 모임과 교회를 통치하심과 교회를 보호하심과 교회를 완성하심에 이바지한다. 이 왕권은 신약이 말하는 '하나님의 나라' 또는 '하늘나라' 와 동일한 것을 뜻한다. 엄밀한 의미로 보면 무형(보이지 않는) 교회의 회원인 신자들만이 그 나라의 시민인 것이다

그러나 '하나님의 나라' 란 말은 가끔 복음이 전파되는 곳에 사는 모든 자 즉 유형(보이는) 교회에 거하는 모든 자를 포함하는 넓은 의미로 사용된다(마 13:24-30, 47-50). 한편 이 하나님 나라는 인간의 마음과 생활 속에 있는 현재적이고 정적인 실존(마 12:28, 눅 17:21, 골 1:13)이며, 다른 한편으로는 예수의 재림 때까지 실현되지 않을 미래적 소망인 것이다(마 7:21, 눅 22:29, 고전 15:50, 딤후 4:18, 벧후 1:11). 미래의 왕국은 본질상 하나님의 지배가 인간의 마음 속에서 확립되며, 인정되는 것으로서 현재의 것과 동일한 것이다.

그러나 이 말은 미래의 왕국이 유형적이며 완전하게 될 것이라는 면에서는 다르다고 볼 수 있다. 어떤 사람은 그리스도의 왕권이 그의 재림으로 끝날 것이라는 견해를 주장하지만, 성경은 그것이 영원히 지속될 것이라고 분명히 가르쳐 준다(시 45:6, 72:17, 89:36-37, 사 9:6, 단 2:44, 삼하 7:13, 16, 눅 1:33, 벧후 1:11).

(2) 우주적 왕권

그리스도께서는 부활하신 후 그의 제자들에게 "하늘과 땅의 모든 권세를 내게 주셨으니"(마 28:18)라고 말씀하셨다. 고린도전서 15장 27절과 에베소서 1장 20-22절에서도 이와 같은 진리를 가르쳐 준다. 우주적 왕권은 하나님의 아들 되신 그리스도의 원래의 왕권과는 그 미치는 영역이 동일하지만 혼동되어서는 안 된다. 이러한 왕권은 그의 교회를 위하여 중보자 되신 그리스도께 맡겨진 우주를 다스리는 권한인 것이다. 그리스도께서는 중보자로서, 개인과 백성의 운명을 다스리며 세상의 생활을 지배하시며, 이 왕권을 그의 구속적 목적에 이바지하게 하시며, 그

왕권을 통하여 세상에서 일어나는 위험으로부터 그의 교회를 보호하신다. 이 왕권은 하나님 나라의 대적들을 물리칠 때까지 지속될 것이며, 그 목적이 성취되면 우주적 왕권은 성부에게로 반환될 것이다(고전 15:24-28).

참고할 성구

01 선지자로서 그리스도

신 18:18
"내가 그들의 형제 중에 너와 같은 선지자 하나를 그들을 위하여 일으키고 내 말을 그 입에 두리니 내가 그에게 명하는 것을 그가 무리에게 다 고하리라"

눅 7:16
"모든 사람이 두려워하며 하나님께 영광을 돌려 가로되 큰 선지자가 우리 가운데 일어나셨다 하고 또 하나님께서 자기 백성을 돌아보셨다 하더라"

02 제사장으로서의 그리스도

시 110:4
"여호와는 맹세하고 변치 아니하시리라 이르시기를 너는 멜기세덱의 반차를 좇아 영원한 제사장이라 하셨도다"

히 3:1
"그러므로 함께 하늘의 부르심을 입은 거룩한 형제들아 우리의 믿는 도리의 사도시며 대제사장이신 예수를 깊이 생각하라"

히 4:14
"그러므로 우리에게 큰 대제사장이 있으니 승천하신 자 곧 하나님 아들 예수시라 우리가 믿는 도리를 굳게 잡을지어다"

03 제사장으로서의 특성

히 5:1, 5
"대제사장마다 사람 가운데서 취한 자이므로 하나님께 속한 일에 사람을 위하여 예물과 속죄하는 제사를 드리게 하나니 … 또한 이와 같이 그리스도께서 대제사장되심도 스스로 영광을 취하심이 아니요 오직 말씀하는 이가 저더러 이르시되 너는 내 아들이니 내가 오늘날 너를 낳았다 하셨고"

04 그리스도의 희생적 사역

사 53:5
"그가 찔림은 우리의 허물을 인함이요 그가 상함은 우리의 죄악을 인함이라 그가 징계를 받음으로 우리가 평화를 누리고 그가 채찍에 맞음으로 우리가 나음을 입었도다"

막 10:45
"인자의 온 것은 섬김을 받으려 함이 아니라 도리어 섬기려 하고 자기 목숨을 많은 사람의 대속물로 주려 함이니라"

요 1:29
"이튿날 요한이 예수께서 자기에게 나아오심을 보고 가로되 보라 세상 죄를 지고 가는 하나님의 어린 양이로다"

벧전 2:24
"친히 나무에 달려 그 몸으로 우리 죄를 담당하셨으니 이는 우리로 죄에 대하여 죽고 의에 대하여 살게 하려 하심이라 저가 채찍에 맞음으로 너희는 나음을 얻었나니"

요일 2:2
"저는 우리 죄를 위한 화목제물이니 우리만 위할 뿐 아니요 온 세상의 죄를 위하심이라"

05 중재사역

롬 8:34
"누가 정죄하리요 죽으실 뿐 아니라 다시 살아나신 이는 그리스도 예수시니 그는 하나님 우편에 계신 자요 우리를 위하여 간구하시는 자시니라"

히 7:25
"그러므로 자기를 힘 입어 하나님께 나아가는 자들을 온전히 구원하실 수 있으니 이는 그가 항상 살아서 저희를 위하여 간구하심이니라"

요일 2:1
"만일 누가 죄를 범하면 아버지 앞에서 우리에게 대언자가 있으니 곧 의로우신 예수 그리스도시라"

06 시온의 왕으로서 그리스도

시 2:6
"내가 나의 왕을 내 거룩한 산 시온에 세웠다 하시리로다"

사 9:7
"그 정사와 평강의 더함이 무궁하며 또 다윗의 위에 앉아서 그 나라를 굳게 세우고 자금 이후 영원토록 공평과 정의로 그것을 보존하실 것이라 만군의 여호와의 열심이 이를 이루시리라"

눅 1:32-33
"저가 큰 자가 되고 지극히 높으신 이의 아들이라 일컬을 것이요 주 하나님께서 그 조상 다윗의 위를 저에게 주시리니 영원히 야곱의 집에 왕노릇 하실 것이며 그 나라가 무궁하리라"

07 우주의 왕으로서의 그리스도

마 28:18
"예수께서 나아와 일러 가라사대 하늘과 땅의 모든 권세를 내게 주셨으니"

엡 1:22
"또 만물을 그 발 아래 복종하게 하시고 그를 만물 위에 교회의 머리로 주셨느니라"

고전 15:25
"저가 모든 원수를 그 발 아래 둘 때까지 불가불 왕노릇 하시리니"

연구할 말씀

① 선지자직의 본질
출 7:1, 신 18:18, 겔 3:17

② 그리스도의 구약적 형태
요 1:29, 고전 5:7, 히 3:1, 4:14, 8:3-5, 9:13-14, 10:1-14, 13:11-12

③ 하나님의 왕국
요 3:3, 5, 18:36-37, 롬 14:17, 고전 4:20

복습 문제

1. 그리스도의 세 가지 직무는 무엇인가?
2. 선지자직이란 무엇이며 어떤 증거가 있는가?
3. 그리스도께서 어떻게 선지자 직무를 행하셨는가?
4. 제사장은 선지자와 어떻게 다른가?
5. 그리스도의 제사 직무에 대한 성경적인 증거는 무엇인가?
6. 제사장의 특성은 무엇인가?
7. 그리스도의 희생적인 사역의 속격을 말하라.
8. 그리스도의 중재적 사역은 어느 직무에 해당하는가?
9. 그리스도는 누구를 위하여 중재하시는가?
10. 그리스도의 왕권은 무엇이며 그 통치영역은 어디까지인가?
11. 그리스도의 현존하는 왕국은 그의 미래의 왕국과 어떤 관계를 가지고 있는가?
12. 그리스도의 왕직은 얼마나 오래 지속될 것인가?
13. 그리스도의 우주적 왕국의 본성과 목적을 말하라.
14. 그리스도의 우주적 왕권은 얼마나 지속될 것인가?

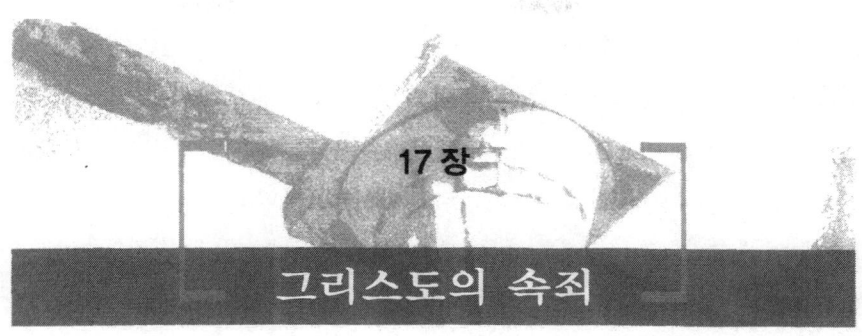

17장

그리스도의 속죄

제사장으로서 그리스도께서 하시는 일 중에서 좀더 생각할 것이 있으니, 그것은 곧 구속 진리이다.

1. 속죄의 동인(動因)과 필연성

속죄의 원인은 마치 그것이 죄인을 향한 그리스도의 동정에 있는 것 같이 자주 묘사되는 때가 있다. 이 이론에 의하면 하나님은 진노하시며 죄인의 멸망에 골똘하신 분이시지만, 사랑의 그리스도께서는 그 중간에 서시어 죄인을 구원하신다고 말하며, 그리스도는 모든 영광을 받으나, 성부께서는 그의 명예를 훼손당하신다고 주장한다. 그러나 성경은 우리에게 속죄가 그 원인을 하나님의 참된 기쁨 속에서 찾는다고 가르쳐 준다(사 53:10, 눅 2:14, 엡 1:6-9, 골 1:19-20). 속죄는 하나님의 사랑과 공의에 근거한 것이라고 말하는 것이 합당하다. 즉 사랑은 죄인들에게 피할 길을 제공해 주었고, 공의는 율법의 요구에 응해야 한다고 가르쳐 주었다(요 3:16, 롬 3:24, 26).

어떤 학자들은 속죄의 필연성을 부인하면서, 하나님은 어떤 만족을 얻음이 없이도 죄인을 용서할 수 있다고 주장한다. 그러나 성경은 의롭고 거룩한 하나님께서 죄를 간과할 수 없으시므로 이에 대해 반응을 일으키신다고 가르친다(출 20:5, 23:7, 시 5:5-6, 나 1:2, 롬 1:18, 32). 그뿐 아니라, 하나님께서는 죄인들에게 사형을 선고하셨던 것이다(창 3:3, 롬 6:23).

2. 속죄의 성질

다음의 특성들에 주의해야 한다.

(1) 속죄는 하나님께 만족을 드릴 수 있었다

속죄는 주로 죄인을 감화하여 그의 마음에 회개를 불러일으키므로, 죄인을 하나님께로 돌아가도록 공헌했다고 흔히 말한다. 그러나 이는 잘못된 것이다. 왜냐하면 만일 어떤 사람이 다른 사람에게 잘못을 저지르면 범죄자에게가 아니라 해를 당한 편이 보상받아야 하기 때문이다. 이 말은 속죄의 제 1차적인 목적이 하나님을 죄인에게 화해시키는 것이었다는 것을 의미한다. 하나님께 대한 죄인의 화해는 제 2차적 목적으로 간주될 것이다.

(2) 속죄는 대리적 속죄였다

하나님께서는 죄인들의 개인적 속죄를 요구하셨지만, 죄인들은 그 요구에 응할 수 없었다. 이런 사실로 미루어 볼 때, 하나님께서는 그리스도를 인간의 대리자로 세워 사람을 대신해야 한다고 작정하셨던 것이다. 그리하여 그리스도께서는 우리의 대리자로서 죄의 형벌을 짊어지시고 인간을 위해 영원한 구원을 이루셨던 것이다. 그런 이유로 우리는 이 속죄를 대리적속죄라고 말할 수 있다. 이런 경우에 범죄를 당한 편에서 속죄를 위한 준비를 했다고 할 수 있다. 구약의 희생은 그리스도의 속죄사역을 예시해 주는 것이었다(레 1:4, 4:20, 31, 35, 5:10, 16, 6:7, 17:11). 우리는 우리의 죄가 그리스도 위에 놓였으며(사 53:6), 그가 죄를 짊어 지셨고(요 1:29, 히 9:28), 죄인을 위해 그의 생명을 바치셨다(막 10:45, 갈 1:4, 벧전 3:18)는 것을 알 수 있다.

(3) 속죄는 그리스도의 능동적이며 피동적인 순종을 포함한다

그리스도의 속죄는 이중적 순종으로 구별하는 것이 통례이다. 그리스도의 능동적 순종은 그가 영생을 얻게 할 조건으로 죄인을 위하여 율법을 준수하신 데 있다. 그리스도의 피동적 순종은 그가 죄의 형벌을 담당하시고, 그의 백성의 빚을 탕감함으로써 고난을 당하신 데에 있다. 그러나 우리가 이를 둘로 구별하긴 하지만 이들을 결코 분리시켜서는 안 된다. 그리스도께서는 그의 고난 당하심에 있어서도 능동적이셨고, 율법을 복종하심에 있어서도 피동적이셨다. 성경은 우리에게 그리스도께서는 율법의 형벌을 담당하셨고(사 53:8, 롬 4:25, 갈 3:13, 벧전 2:24), 죄인으로 하여금 영생을 얻도록 공을 세워 놓으셨던 것이다(롬 8:4, 10:4, 고후 5:21, 갈 4:4-7).

3. 속죄의 범위

모든 교파 중 로마 카톨릭과 루터파와 알미니안파들은 그리스도의 속죄를 우주적이며 보편적인 것으로 간주한다. 이 말은 그들의 견해대로 모든 인간이 구원 얻는다는 것을 의미하는 것이 아니라, 그리스도께서는 모든 사람을 예외없이 구원하기 위해 고난 당하시고 죽으셨다는 것을 의미하는 것이라 한다. 그러므로 그들은 의도된 취지가 성취되지 않았다고 주장한다. 그리스드께서는 모든 사람을 실제로 구원하신 것이 아니고, 다만 구원할 가능성만을 확립해 놓으신 것이라고 주장한다. 또 그들의 실제적 구원은 그들 자신의 선택에 의존한다고 주장한다.

한편 개혁파 교회는 제한 속죄를 믿는다. 그리스도께서는 선택받은 자만을 구원할 목적으로 고난 당하시고 죽으셨으며, 그 목적은 실제로 성취되었던 것이다. 그리스도께서는 구원을 가능케 했을 뿐 아니라 그의 생명을 버려 주신 모든 자 하나 하나를 실제로 구원하신다(눅 19:10, 롬 5:10, 고후 5:21, 갈 1:4, 엡 1:7). 성경은 그리스도께서 자기 백성을 위해 생명을 버리셨다(마 1:21)고 말한다. 즉 그의 양무리(요 10:11, 15)와 교회(행 20:28, 엡 5:25-27) 곧 선택받은 자를 위하여 생명을 버리셨다고 지적한다(롬 8:32-35).

성경은 가끔 그리스도께서 세상을 위하여(요 1:29, 요일 2:2, 4:14) 또는 모든 자를 위하여(딤전 2:6, 딛 2:11, 히 2:9) 죽으셨다고 말하는데, 이것은 분명히 그가 세상 모든 민족(유대 민족만이 아니라 다른 민족도 구원받을 수 있다는 것을 의미)의 백성을 위하여, 또는 모든 종류와 모든 계급(특수 계급이 아니라 어떤 계급의 사람이라도 구원받을 수 있는 것을 강조)의 백성을 위해 죽으셨다는 것을 의미하는 것이다.

참고할 성구

01 속죄의 원인

사 53:10
"여호와께서 그로 상함을 받게 하시기를 원하사 질고를 당케 하셨은즉 그 영혼을 속건 제물로 드리기에 이르면 그가 그 씨를 보게 되며 그 날은 길 것이요 또 그의 손으로 여호와의 뜻을 성취하리로다"

골 1:19-20
"아버지께서는 모든 충만으로 예수 안에 거하게 하시고 그의 십자가의 피로 화평을 이루사 만물 곧 땅에 있는 것들이나 하늘에 있는 것들을 그로 말미암아 자기와 화목케 되기를 기뻐하심이라"

02 대속

사 53:6
"우리는 다 양 같아서 그릇 행하여 각기 제 길로 갔거늘 여호와께서는 우리 무리의 죄악을 그에게 담당시키셨도다"

막 10:45
"인자의 온 것은 섬김을 받으려 함이 아니라 도리어 섬기려 하고 자기 목숨을 많은 사람의 대속물로 주려 함이니라"

고후 5:21
"하나님이 죄를 알지도 못하신 자로 우리를 대신하여 죄를 삼으신 것은 우리로 하여금 저의 안에서 하나님의 의가 되게 하려 하심이니라"

벧전 2:24
"친히 나무에 달려 그 몸으로 우리 죄를 담당하셨으니 이는 우리로 죄에 대하여 죽고 의에 대하여 살게 하려 하심이라 저가 채찍에 맞음으로 너희는 나음을 얻었나니"

03 능동적 순종과 영생

마 3:15
"예수께서 대답하여 가라사대 이제 허락하라 우리가 이와 같이 하여 모든 의를 이루는 것이 합당하니라 하신대 이에 요한이 허락하는지라"

마 5:17
"내가 율법이나 선지자나 폐하러 온 줄로 생각지 말라 폐하러 온 것이 아니요 완전케 하려 함이로다"

갈 4:4-5
"때가 차매 하나님이 그 아들을 보내사 여자에게서 나게 하시고 율법 아래 나게 하신 것은 율법 아래 있는 자들을 속량하시고 우리로 아들의 명분을 얻게 하려 하심이라"

요 10:28
"내가 저희에게 영생을 주노니 영원히 멸망치 아니할 터이요 또 저희를 내 손에서 빼앗을 자가 없느니라"

롬 6:23
"죄의 삯은 사망이요 하나님의 은사는 그리스도 예수 우리 주 안에 있는 영생이니라"

04 제한 속죄

마 1:21
"아들을 낳으리니 이름을 예수라 하라 이는 그가 자기 백성을 저희 죄에서 구원할 자이심이라 하니라"

요 10:26-28
"너희가 내 양이 아니므로 믿지 아니하는도다 내 양은 내 음성을 들으며 나는 저희를 알며 저희는 나를 따르느니라 내가 저희에게 영생을 주노니 영원히 멸망치 아니할 터이요 또 저희를 내 손에서 빼앗을 자가 없느니라"

행 20:28
"너희는 자기를 위하여 또는 온 양떼를 위하여 삼가라 성령이 저들 가운데 너희로 감독자를 삼고 하나님이 자기 피로 사신 교회를 치게 하셨느니라"

연구할 말씀

① 다음의 성구들은 구약 희생의 대리적 성질을 어떻게 증명하는가?
레 1:4, 3:2, 4:15, 16:21-22
② 요한복음 17장 9절이 속죄의 범위에 대해 무엇을 가르쳐 주는가?

복습 문제

1. 속죄의 동인은 무엇인가?
2. 왜 속죄가 필요한가?
3. 속죄의 제 1차적인 목적은 무엇인가?
4. 개인적 속죄와 대리적 속죄는 어떻게 다른가?
5. 구약에서 그리스도의 대리적 속죄는 어떻게 예시되었는가?
6. 그리스도의 능동적인 순종과 피동적인 순종은 어떻게 다른가?
7. 속죄의 범위에 대한 여러 가지 의견들을 말하라.
8. 우주적인 속죄란 무슨 뜻이며 누가 그렇게 가르치는가?
9. 제한된 속죄란 무엇이며 성경적인 증거는 무엇인가?
10. 이 제한된 속죄를 반대하는 주장은 무엇이며 어떻게 대답할 수 있는가?

A Summary of Christian Doctrine

5부 구원론

18. 성령의 일반적 작용
19. 부르심과 중생
20. 회심과 믿음
21. 칭의
22. 성화와 성도의 견인

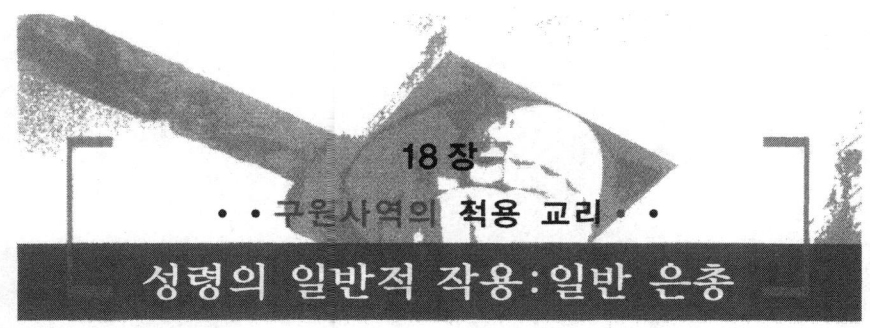

18장
구원사역의 적용 교리
성령의 일반적 작용 : 일반 은총

그리스도로 말미암아 성취된 구원사역에 관한 고찰 다음에는 자연히 성령의 특별한 역사에 의해 죄인들의 심령과 생활에 적용되는 구속 진리에 대한 논제가 따르게 된다.

1. 일반 은총의 성질

우리는 일반 은총에 대해 말할 때 명심해야 할 것이 있다.

첫째, 일반 은총이란 마음을 갱신시키지는 않지만, 인간에게 성령으로 말미암아 죄를 제재하고, 사회생활에서 질서를 유지하며 시민의 의를 증진시켜 주므로 도덕적 감화를 불러 일으키는 성령의 일반적 작용이다.

둘째, 일반 은총이란 하나님께서 자기에게 선하게 보여지는 분량대로 모든 인간에게 차별없이 나누어 주시는 일반적 축복이다.

알미니안파와는 달리, 우리는 일반 은총이 죄인으로 하여금 영적 선을 행하게 하거나 믿음과 회개로 하나님께 돌아가게 할 수 없다는 견해를 갖는다. 일반 은총은 인간에 의해 거절될 수 있으며 항상 다소 거절되는데, 기껏해야 사회적, 시민적, 도덕적, 종교적인 생활의 외면에만 영향을 미친다. 그리스도가 택함 받은 자만을 구원하기 위하여 죽으셨음에도 불구하고 회개하지 않는 자와 유기된 자를 포함한 전 인류는 그의 죽음에서 큰 유익을 얻는다. 일반 은총의 축복은 그리스도 사역의 간접적인 결과로 간주할 수 있다.

2. 일반 은총의 방법

다음과 같은 몇 가지 방법이 있다.

(1) 일반 계시의 빛

이 방법 중 가장 중요한 것은 하나님의 일반 계시의 빛이다. 이 일반 계시의 빛을 떠나서는 모든 다른 방법은 불가능하며 헛된 것이다. 그것은 모든 사람에게 비취면 자연인의 양심을 지도한다.

(2) 정치

인간의 정치는 이 목적에 종사한다. 웨스트민스터 고백서에 따르면 정치는 악한 경향을 억제하고, 선한 질서와 예절을 촉진하기 위하여 제정된 것이다.

(3) 여론

여론은 그것이 하나님의 율법과 조화되는 곳에서는 중요한 수단이 된다. 그것은 여론 판단에 민감한 사람들의 행위에 엄청난 영향을 끼친다.

(4) 신적 형벌과 보상

신적 형벌과 보상도 세상에서 도덕적 선을 권장한다. 형벌은 흔히 인간의 범행을 막으며, 보상은 인간에게 선하고 의로운 일을 하도록 격려한다.

3. 일반 은총의 효과

다음의 결과는 일반 은총의 작용에 기인된 것일 것이다.

(1) 형(刑)의 집행유예

인간에게 사형의 집행은 연기된다. 하나님은 죄인에게 사형을 완전히 집행하지 않으셨고 지금도 그렇게 하시지 않고 인간에게 회개할 시간을 주신다(롬 2:4, 벧후 3:9).

(2) 죄에 대한 제재

죄는 개인과 민족들의 생활에서 억제시된다. 죄로 말미암아 인간 생활에 들어온 부패성이 지연되고 있으며 아직은 그 파괴적 활동을 수행하도록 허용되어 있지 않다(창 20:6, 31:7, 욥 1:12, 2:6).

(3) 진리, 도덕, 종교에 대한 의식(意識)

인간은 아직도 진리, 선, 미에 대한 의식을 가지며, 어느 정도 이것을 인정하며, 진리와 도덕과 종교의 어떤 형태에 대한 갈망을 보여준다(롬

2:14-15, 행 17:22).

(4) 세상적 의

자연인은 자연적 선 또는 시민의 의, 즉 영적 가치는 결여되었지만 하나님의 율법과 외부적으로 조화를 이루는 일을 행할 수 있다(왕하 10:29-30, 12:2, 14:3, 눅 6:33).

(5) 자연적 축복

모든 인간은 하나님으로부터 수많은 과분한 축복을 받는다(시 145:9, 15-16, 마 5:44-45, 눅 6:35-36, 행 14:16-17, 딤전 4:10).

참고할 성구

① 성령의 일반적 작용

창 6:3
"여호와께서 가라사대 나의 신이 영원히 사람과 함께 하지 아니하리니 이는 그들이 육체가 됨이라 그러나 그들의 날은 일백 이십년이 되리라 하시니라"

사 63:10
"그들이 반역하여 주의 성신을 근심케 하였으므로 그가 돌이켜 그들의 대적이 되사 친히 그들을 치셨더니"

롬 1:28
"또한 저희가 마음에 하나님 두기를 싫어하매 하나님께서 저희를 그 상실한 마음대로 내어버려두사 합당치 못한 일을 하게 하셨으니"

② 죄의 금지

창 20:6
"하나님이 꿈에 또 그에게 이르시되 네가 온전한 마음으로 이렇게 한 줄을 나도 알았으므로 너를 막아 내게 범죄하지 않게 하였나니 여인에게 가까이 못하게 함이 이 까닭이니라"

창 31:7
"그대들의 아버지가 나를 속여 품삯을 열 번이나 변역하였느니라 그러나 하나님이 그를 금하사 나를 해치 못하게 하셨으며"

시 105:14
"사람이 그들을 해하기를 용납지 아니하시고 그들의 연고로 열왕을 꾸짖어"

③ 비중생자에 대한 선행

왕하 10:30
"여호와께서 예후에게 이르시되 네가 나 보기에 정직한 일을 행하되 잘 행하여 내 마음에 있는 대로 아합 집에 다 행하였은즉 네 자손이 이스라엘 왕위를 이어 사대를 지나리라 하시니라"

눅 6:33
"너희가 만일 선대하는 자를 선대하면 칭찬받을 것이 무엇이뇨 죄인들도 이렇게 하느니라"

롬 2:14-15
"율법 없는 이방인이 본성으로 율법의 일을 행할 때는 이 사람은 율법이 없어도 자기가 자기에게 율법이 되나니 이런 이들은 그 양심이 증거가 되어 그 생각들이 서로 혹은 송사하여 혹은 변명하여 그 마음에 새긴 율법의 행위를 나타내느니라"

④ 전 인류에 행한 비공로적 축복

시 145:9
"여호와께서는 만유를 선대하시며 그 지으신 모든 것에 긍휼을 베푸시는도다"

마 5:44-45
"나는 너희에게 이르노니 너희 원수를 사랑하며 너희를 핍박하는 자를 위하여 기도하라 이같이 한즉 하늘에 계신 너희 아버지의 아들이 되리니 이는 하나님이 그 해를 악인과 선인에게 비취게 하시며 비를 의로운 자와 불의한 자에게 내리우심이니라"

딤전 4:10
"이를 위하여 우리가 수고하고 진력하는 것은 우리 소망을 살아 계신 하나님께 둠이니 곧 모든 사람 특히 믿는 자들의 구주시라"

연구할 말씀

① 여론의 영향
마 21:26, 46, 막 14:2

② 일반 은총
롬 1:24, 26, 28, 히 6:4-6

복습 문제

1. 일반 은총이란 무엇인가?
2. 알미니안주의와 개혁주의의 의견의 차이는 무엇인가?
3. 일반 은총도 영적인 효과와 구원의 효과를 갖고 있는가?
4. 일반 은총도 그리스도의 속죄와 어떤 관련이 있는가?
5. 일반 은총은 어떤 방법을 통하여 작용하는가?
6. 일반 은총의 영향은 무엇인가?

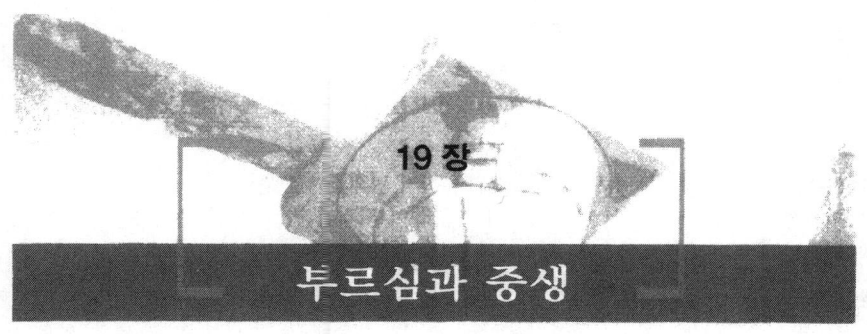

19장 부르심과 중생

1. 부르심(召命, Calling)

일반적으로 부르심이란 하나님께서 죄인으로 하여금 그리스도를 통하여 제공된 구원을 받도록 초대하시는 하나님의 은혜로운 행위라고 정의할 수 있을 것이다. 이 부르심은 외적이며 또는 내적인 것이다.

(1) 외적 부르심
성경은 다음의 성구들에서 이에 대하여 말하고 있다(마 28:19, 22:14, 눅 14:16-24, 행 13:46, 살후 1:8, 요일 5:10).

 외적 부르심이란 죄의 용서와 영생을 얻기 위하여 믿음으로 그리스도를 영접하도록 하는 열당적인 권고로서, 죄인들을 향하여 그리스도 안에 있는 구원을 제시하고 제공하는 것이라 할 수 있다. 이 정의로 보아 외적 부르심은 다음의 3가지 요소를 포함한다고 볼 수 있다.

첫째, 복음적 사실과 복음적 개념의 제시.

둘째, 회개하고 예수 그리스도를 믿게 하는 초청.

셋째, 용서와 구원의 약속.

그 약속은 조건적이며 그 약속의 성취는 진정한 믿음과 회개의 방법에서만 기대될 수 있다.

a. 우주적 부르심

외적 부름은 그 부름이 복음을 듣는 모든 자에게 온다는 의미로 볼 때 우주적이라 할 수 있다. 그 부름은 어떤 시대나 어떤 백성이나 어떤 계급이나 어떤 인간에게만 국한되지 않고, 택한 자 뿐만 아니라 유기된 자에게도 온다(사 45:22, 55:1, 겔 3:19, 욜 2:32, 마 22:2-8, 14, 계 22:17).

b. 진정한 부르심

자연적으로 이 부름은 하나님으로부터 내려오는 것으로서 진정한 의미를 갖는다. 하나님은 죄인들을 좋은 믿음 가운데로 부르시며, 그들이 그 부르심의 초청을 받아들이기를 열망하시며, 회개하고 믿는 자들에게는 신실하게 영생을 약속하신다(민 23:19, 시 81:13-16, 잠 1:24, 사 1:18-20, 겔 18:23, 32, 33:11, 마 23:37, 딤후 2:13). 외적 부르심에서 하나님은 죄인을 향한 요구를 계속하신다. 만일 인간이 그 부름에 반응하지 않는다면 그 인간은 하나님의 요구를 멸시하는 것이므로 그의 죄가 증가된다.

또 외적 부르심이란 하나님이 세상의 모든 국민들로부터 택한 자를 모으시기 위하여 정하신 방법인데(롬 10:14-17), 비록 죄인들이 이 부름을 욕되게 하더라도 하여간 죄인을 위한 하나의 축복으로 간주되어야 한다(사 1:18-20, 겔 3:18-19, 암 8:11, 마 11:20-24, 23:37).

끝으로 이 부르심은 또한 죄인을 정죄함에 있어서, 하나님을 공의로

우시다고 한다. 만일 죄인들이 구원의 제공을 멸시한다면 그들의 죄는 아주 명백하게 드러난다(요 5:39-40, 롬 3:5-6, 19).

(2) 내적 부르심

우리가 하나님의 부르심에 대해 두 가지 면으로 구별했는데 이 내적 부르심이 진정한 부르심이다. 이 내적 부르심이란 성령의 역사로 외적 부르심을 효과있게 만드는 것이다. 내적 부르심은 항상 성령의 역사에 의해 구원적으로 적용된 하나님의 말씀을 통하여 죄인들에게 이른다(고전 1:23-24). 외적 부르심과는 달리, 이 내적 부르심은 구원을 유효케 하는 능력있는 부르심이다(행 13:48, 고전 1:23-24), 이뿐 아니라 이 부르심은 후회없는 부르심이며(롬 11:29), 결코 변경되지 않으며 취소되지 않는 부르심이다. 이 내적 부르심을 받은 사람은 분명히 구원될 것이다.

하나님의 영은 말씀의 선포를 통하여 그 말씀의 권위를 유효케 하시므로, 인간은 하나님의 음성을 듣는다. 그것은 성령에 의해서 계몽된 지력(知力)에 호소하므로, 인간은 그것을 의식한다. 그리고 내적 부르심은 항상 일정한 목적에로 인도되며, 그 부르심은 예수 그리스도와의 교제를 이룩하게 하는 부르심이며(고전 1:9), 축복을 누리게 함이며(벧전 3:9), 자유를 위함이며(갈 5 13), 화평하기 위함이며(고전 7:15), 거룩함을 위함이며(살전 4:7), 소망을 위함이며(엡 4:4), 영생을 위함이며(딤전 6:12), 하나님의 나라와 영광을 위한 부르심 이다(살전 2:12).

2. 중생(Regeneration)

하나님의 소명과 중생은 서로 가장 밀접한 관계를 가지고 있는데, 여기서는 중생에 관하여 몇 가지로 생각하려 한다.

(1) 중생의 본질

중생이란 말은 항상 동일한 의미로 사용되지는 않는다. 우리의 신앙고백서는 여기에다 회심을 포함시켜 넓은 의미로 사용한다. 오늘날에는 보다 협의의 의미를 갖는다. 엄밀한 의미로 중생이란 새생명의 원리를 인간 속에 뿌리시고 영혼의 지배적인 성향(性向)을 거룩케 하시는 하나님의 행위라고 정의할 수 있다. 앞의 정의에 덧붙여 좀더 이해하기 쉬운 의미로 말하면, 중생이란 생명의 원리와 영혼의 지배적인 성향에 있어서 일어나는 근본적인 변화이므로, 그 인간 전인격(全人格)에 영향을 미친다(고전 2:14, 고후 4:6, 빌 2:13, 벧전 1:8).

중생은 순간적으로 완성되어지는 것이다. 성화와 같이 점진적인 과정이 아닌 것이다. 우리는 중생함으로 사망에서 생명으로 옮겨간다(요일 3:14). 그러므로 중생은 인간에 의해 직접적으로는 파악되지 않으나 그 결과에 따라 알려질 수 있는 하나님의 비밀된 사역인 것이다.

(2) 중생케 하시는 분

하나님이 중생의 주체자가 되신다. 성경은 중생을 성령의 사역이라고 말해준다(요 1:13, 행 16:14, 요 3:5, 8), 우리는 알미니안파와는 반대로 중생이 전혀 인간의 사역이 아니라 하나님의 영의 독자적인 역사라고 본다. 중생의 사역에는 하나님과 인간의 협동작용이란 있을 수 없다. 뿐만 아니라 엄밀한 의미에서 중생은 새 생명을 심는 것으로서, 성령의 직접적이고 즉각적인 역사라고 말할 수 있다. 중생은 복음의 사역이 도구로서 사용될 수 없는 것으로 보므로, 하나의 독창적인 사역인 것이다. 야고보서 1장 18절, 베드로전서 1장 23절은 설교의 말씀이 중생에 있어 도구로서 사용되어진다고 증거하지만, 이 구절들은 신생(新生)을 포함하는 넓은 의미로서의 중생에 대해 말해주는 것이다. 중생은 보다 총괄적 의미로 볼 때 확실히 말씀의 방편을 통하여 이루어진다.

(3) 중생의 필요성과 구원 차서에 있어서의 그 위치

성경은 분명히 중생의 절대적 필요성에 대해 명확히 말해준다(요 3:3, 5, 7, 고전 2:14, 갈 6:15).

중생의 필요성은, 인간은 본래 허물과 죄로 죽은 자이므로 하나님의 은총을 기뻐하고 하나님과의 교제를 즐기기 위하여 새로운 영적 생명을 부여 받아야 한다는 사실에서 비롯된다. 문제가 되는 것은 소명과 중생 중에 어느 것이 먼저 일어나느냐는 것이다. 이에 대한 대답으로서는 성인의 경우에는 외적 부르심이 항상 선행하지만, 엄밀한 의미로는 중생과 일치한다고 말할 수 있다. 새 생명을 심는 것이라 할 수 있는 중생은 내적 부르심보다는 앞서며 외적 부르심은 넓은 의미에서의 중생 또는 신생(新生)보다 앞선다.

우리는 이 순서의 지시를 루디아의 전환에서 찾아 볼 수 있다(행 16:14). "두아디라 성의 자주 장사로서 하나님을 공경하는 루디아라 하는 한 여자가 들었는데(외적 부르심), 주께서 그 마음을 열어(엄밀한 의미에서의 중생) 바울의 말을 청종하게 한지라(내적 부르심)."

참고할 성구

01 외적 부르심

막 16:15-16
"또 가라사대 너희는 온 천하에 다니며 만민에게 복음을 전파하라 믿고 세례를 받는 사람은 구원을 얻을 것이요 믿지 않는 사람은 정죄를 받으리라"

마 22:14
"청함을 받은 자는 많되 택함을 입은 자는 적으니라"

행 13:46
"바울과 바나바가 담대히 말하여 가로되 하나님의 말씀을 마땅히 먼저 너희에게 전할 것이로되 너희가 버리고 영생 얻음에 합당치 않은 자로 자처하기로 우리가 이방인에게로 향하노라"

02 유기된 자의 부르심

잠 1:24-26
"내가 부를지라도 너희가 듣기 싫어하였고 내가 손을 펼지라도 돌아보는 자가 없었고 도리어 나의 모든 교훈을 멸시하며 나의 책망을 받지 아니하였은즉 너희가 재앙을 만날 때에 내가 웃을 것이며 너희에게 두려움이 임할 때에 내가 비웃으리라"

벧전 3:19-20a
"저가 또한 영으로 옥에 있는 영들에게 전파하시니라 그들은 전에 노아의 날 방주 예비할 동안 하나님이 오래 참고 기다리실 때에 순종치 아니하던 자들이라"

03 부르심의 심각성

겔 18:23
"나 주 여호와가 말하노라 내가 어찌 악인의 죽는 것을 조금인들 기뻐하랴 그가 돌이켜 그 길에서 떠나서 사는 것을 어찌 기뻐하지 아니하겠느냐"

겔 18:32
"나 주 여호와가 말하노라 죽는 자의 죽는 것은 내가 기뻐하지 아니하노니 너희는 스스로 돌이키고 살지니라"

겔 33:11
"주 여호와의 말씀에 나의 삶을 두고 맹세하노니 나는 악인의 죽는 것을 기뻐하지 아니하고 악인이 그 길에서 돌이켜 떠나서 사는 것을 기뻐하노라 이스라엘 족속아 돌이키고 돌이키라 너희 악한 길에서 떠나라 어찌 죽고자 하느냐 하셨다 하라"

마 23:37
"예루살렘아 예루살렘아 선지자들을 죽이고 네게 파송된 자들을 돌로 치는 자여 암탉이 그 새끼를 날개 아래 모음같이 내가 네 자녀를 모으려 한 일이 몇 번이냐 그러나 너희가 원치 아니하였도다"

④ 중생의 필연성

렘 13:23
"구스인이 그 피부를, 표범이 그 반점을 변할 수 있느뇨 할 수 있을진대 악에 익숙한 너희도 선을 행할 수 있으리라"

요 3:3, 7
"예수께서 대답하여 가라사대 진실로 진실로 네게 이르노니 사람이 거듭나지 아니하면 하나님 나라를 볼 수 없느니라 … 내가 네게 거듭나야 하겠다 하는 말을 기이히 여기지 말라"

⑤ 중생과 말씀

약 1:18
"그가 그 조물 중에 우리로 한 첫 열매가 되게 하시려고 자기의 뜻을 좇아 진리의 말씀으로 우리를 낳으셨느니라"

벧전 1:23
"너희가 거듭난 것이 썩어질 씨로 된 것이 아니요 썩지 아니할 씨로 된 것이니 하나님의 살아 있고 항상 있는 말씀으로 되었느니라"

연구할 말씀

① 부르심은 성령 한 분의 사역인가 삼위일체의 사역인가?
고전 1:9, 살전 2:12, 마 11:28, 눅 5:32, 마 10:20, 행 5:31, 32

② 중생이란 말이 성경에서 사용되었는가?
딛 3:5

중생을 의미하는 다른 용어는 무엇인가?
요 3:3, 5, 7-8, 고후 5:17, 엡 2:5, 골 2:13, 약 1:18, 벧전 1:23

③ 디도서 3장 5절은 우리가 세례로 말미암아 중생되었다고 증거하는가?
아니면 그 구절의 뜻은 무엇인가?

복습 문제

1. 부르심이란 무엇을 말함인가?
2. 내적 부르심과 외적 부르심은 어떻게 다른가?

3. 외적 부르심에는 어떤 요소들이 있는가?
4. 어떤 의미에서 부르심은 우주적인가?
5. 어떤 목적에 부르심이 필요한가?
6. 내적 부르심과 외적 부르심은 어떤 관계에 있는가?
7. 우리는 부르심을 의식할 수 있는가?
8. 중생이란 말은 어떤 의미들을 갖고 있는가?
9. 제한된 의미에서 중생은 무엇을 뜻하는가?
10. 중생에서 일어나는 변화의 성격은 무엇인가?
11. 중생은 하나님의 독자적인 사역인가 아니면 인간과의 공동 사역인가?
12. 중생에서 말씀이 도구로 사용되는가?
13. 중생은 절대적으로 필요한가? 그 증거는?
14. 부르심과 중생의 순서는 무엇이 먼저인가?

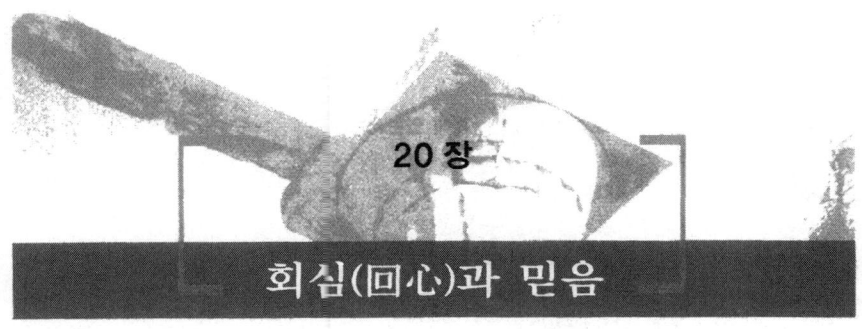

20 장
회심(回心)과 믿음

중생에서 이룩된 변화가 - 의식적인 생활 가운데서 나타나기 시작할 때, 이를 우리는 회심이라고 부른다.

1. 회심에 대한 일반적 고찰

성경은 회심에 대해 항상 동일한 의미로 말하지는 않는다. 우리가 여기서 생각할 회심이란 중생받은 자로 하여금 그들의 의식적 생활 가운데서 믿음과 회개를 통하여 하나님께로 돌아오게 하시는 하나님의 행위라고 정의할 수 있다. 이 정의를 통해 보면 하나님이 회심의 창시자이심을 알 수 있고, 이에 대해 성경(행 11:18, 딤후 2:25)은 명백히 증거해 주고 있다. 중생은 새 생활의 의식적인 변화를 통하여 저절로 발생하는 것이 아니라, 성령의 특별한 역사를 통하여서만 일어나는 것이다(요 6:44, 빌

2:13). 그러나 중생에 있어서는 하나님만 역사하시고 인간은 피동적인 데 반하여 회심에 있어서는 인간은 협동하도록 요청을 받는다(사 55:7, 렘 18:11, 행 2:38, 17:30). 그러나 그런 경우에 인간은 다만 하나님께서 주시는 능력으로 행하는 것뿐이다. 회심은 중생과 같이 순간적인 변화이지, 성화와 같은 점차적인 과정이 아니다. 그러나 중생과는 달리 회심은 인간의 무의식적 생활에서 일어난다기 보다는 오히려 의식적인 생활 가운데서 일어나는 변화인 것이다. 회심은 모든 성인에게 반드시 필요한 것이지만(겔 33:11, 마 18:3), 그렇다고 회심이 반드시 각 사람의 생활에서 현저한 전환점으로 나타나야만 되는 것은 아니다.

성경은 나아만(왕하 5:15), 므낫세(대하 33:12-13), 삭개오(눅 19:8-9), 구스 내시(행 8:30 이하), 고넬료(행 10:44 이하), 바울(행 9:5 이하), 루디아(행 16:14) 등과 같은 사람의 회심을 예로 들어 말해준다. 이 외에도 국민적인 회심(욘 3:10), 마음의 변화는 일어나지 않는 일시적인 회심(마 13:20-21, 딤전 1:19-20, 딤후 4:10, 히 6:4-6), 반복적인 회심(눅 22:32, 계 2:5, 16, 22, 3:3, 19)이 있다. 회심에는 엄밀한 의미에서 반복을 인정치 않는데, 이 반복이란 말은 회심의 반복이 아니라, 흐려졌던 새 생명의 회복적인 활동을 말한다.

회심에는 두 가지 요소가 있는데 소극적인 요소인 회개와 적극적인 요소인 믿음으로 이루어지며 이에 대한 개별적 고찰이 필요하다.

2. 회심의 소극적 요소인 회개

회개란 과거를 돌아보는 것으로서, 죄인의 의식적인 생활 가운데서 죄를 쫓아버림으로 일어나는 변화라고 정의할 수 있는 것이다.

(1) 회개의 요소
회개는 세 가지 요소를 포함하는데,

a. 지적 요소
이것은 과거의 생활이 자신의 비행과 추행과 무력함을 수반하는 죄의 생활이라고 생각하는 것이다(롬 3:20).

b. 감정적 요소
이것은 거룩하고 의로우신 하나님을 대항하여 범한 죄를 슬퍼함이다 (고후 7:9-10).

c. 의지적 요소
이것은 목적의 변화에서 일어나는 요소인데, 죄로부터의 내적인 전환과 죄를 용서받고 씻어 버리고자 하는 성향(性向)을 말함이다(롬 2:4). 회개는 본래 하나님의 율법에 의해 인간 내부에서 일어나는 작용이다.

(2) 로마교회의 개념
로마 카톨릭은 회개에 대해 외적 관념을 가지므로, 그들에 따르면 회개는 선천적 죄에 대하여 슬퍼함이 아니라, 외적 형벌에 대한 공포로부터 일어나는 것에 불과한 개인적 범죄에 대하여 슬퍼함이며, 죄를 용서해 줄 수 있는 신부에게 말하는 고백이며, 금식 고행(채찍질)과 성지순례 등과 같은 고해성사의 외부적 행위에 의한 배상의 표준으로 이루어진다고 주장한다.

이와 반대로 성경은 회개를 전적으로 내부적 작용 즉 죄에 대한 통회하는 태도로 보므로, 그 결과로 일어나는 생활의 변화와 혼동해서는 안 된다.

3. 회심의 적극적 요소인 믿음

회개와는 달리 믿음은 앞을 내다보는 것이다.

(1) 믿음의 종류
성경은 믿음에 대하여 항상 동일한 의미로 말하지 않는다.

a. 역사적 믿음
성경은 역사적 믿음에 대해 언급하고 있는데, 이 신앙은 아무런 실제적인 도덕적, 영적 반응 없이 성경진리를 지적으로 받아들이는 것이라고 본다. 그런 믿음은 진리를 진지하게 받아들이지 않고 진리에 대한 진정한 관심을 나타내지 않는다(행 26:27-28, 약 2:19).

b. 일시적 믿음
성경은 일시적 믿음에 대해서도 말하고 있는데, 이 믿음은 중생한 자의 마음에는 뿌리박지 못하는 것으로서, 양심의 어떤 자극과 감정의 흥분으로 종교의 진리를 받아들이는 것이라 할 수 있다. 이것을 일시적이라 칭하는 이유(마 13:20)는 영속적 성질이 없으므로 시련과 핍박시에는 믿음을 유지하지 못하기 때문이다(히 6:4-6, 딤전 1:19-20, 요일 2:19 비교).

c. 이적적 믿음
성경은 또한 이적적인 믿음에 대해서도 말하고 있는데, 이 믿음은 이적이 자기에 의하여 또는 자신을 위하여 행해질 수 있다는 개인적 확신이다(마 8:11-13, 17:20, 막 16:17-18, 요 11:22, 40, 행 14:9). 이 믿음은 구원적 믿음을 수반할 수도 있고 수반하지 않을 수도 있다.

d. 구원적 믿음

성경은 구원적 믿음에 대해 말할 뿐 아니라, 구원적 믿음의 필연성을 강조한다. 이 믿음은 인간 마음속에 자리잡고 있으며 또한 중생한 생명에 뿌리박고 있는 것이라 할 수 있다. 이 믿음의 씨는 중생의 밭에 뿌리어지고, 점차적으로 능동적 믿음으로 되어진다. 그러므로 구원적 믿음이란 성령에 의해 마음속에 일어나는 복음진리에 대한 개인적 확신이며, 그리스도 안에서의 하나님의 약속에 대한 진실한 신뢰라고 정의할 수 있다.

(2) 믿음의 요소

우리는 진정한 구원적 믿음의 요소를 3가지로 구분한다.

a. 지적 요소(지식)

하나님의 말씀 안에 계시된 진리에 대해 적극적인 인식 즉 죄인의 마음속에 일어나는 진리에 대한 영적 통찰력이 있다. 이 요소는 절대적으로 하나의 확실한 지식으로서 하나님의 약속에 근거한다. 이 지식은 신자에게 복음의 기본적 진리에 대해 어느 정도의 개념을 제공하기에 충분해야 된다.

b. 감정적 요소(찬동)

하이델베르그 요리 문답은 이런 요소에 대해 구분해서 말하지 않는다. 왜냐하면 이 요소가 구원받는 믿음에 관한 지식 속에 실제로 포함되어 있기 때문이다. 이 요소가 그 대상의 중요성에 대해 강한 확신을 갖게 해주는 것은 구원받는 지식의 특성인데, 이것을 찬동이라고 한다.

c. 의지적 요소

이 요소는 구원받는 믿음의 으뜸가는 요소가 된다. 그것은 사죄와 영적 생명의 근원되시는 그리스도께 대한 인격적 신뢰인데, 이 신뢰는 그리스도에게 범죄한 영혼의 항복을 포함하는 것이다.

마지막 분석에 의하면 구원받는 믿음의 대상은 예수 그리스도이시며 구원의 약속은 그리스도 안에서 주어지는 것이다(요 3:6, 18, 36, 6:40, 행 10:43, 롬 3:22, 갈 2:16). 이 믿음은 인간에게서 난 것이 아니라 하나님의 선물이다(고전 12:8-9, 갈 5:22, 엡 2:8). 그러나 이 믿음의 수행은 하나님의 자녀들이 반복적으로 권고받는 인간의 활동인 것이다(롬 10:9, 고전 2:5, 골 1:23, 딤전 1:5, 6:11).

(3) 믿음의 확신

감리교에서는 믿는 자는 곧 자기가 하나님의 자녀라는 것을 확신한다고 하지만, 이것이 그가 궁극적 구원을 확신하고 있다는 것을 의미하는 것이 아니다. 왜냐하면 그가 은혜에서 떨어질는지도 모르기 때문이다. 올바른 견해는 비록 정도의 차이는 있을지라도 하나님께 대한 신뢰를 포함하는 진정한 믿음이란 자연히 안전과 보호의 의미를 수반하는 것이다. 이 확신은 신자의 영구한 의식적 소유물이 아니다.

그리스도인은 언제나 충실한 신앙생활을 영위하는 것이 아니므로, 항상 영적 부함을 의식하는 것은 아니다. 그는 회의와 불안정에 의해 동요될는지도 모르므로, 확신을 얻도록 권고를 받는다(고후 13:5, 히 6:11, 벧후 1:10, 요일 3:19). 이 확신은 기도함으로써, 하나님의 약속을 명상함으로써, 또는 참된 그리스도인의 생활의 진전에 의해 얻어질 수 있는 것이다.

참고할 성구

① 하나님은 회심의 저자이시다

행 11:18
"저희가 이 말을 듣고 잠잠하여 하나님께 영광을 돌려 가로되 그러면 하나님께서 이방인에게도 생명 얻는 회개를 주셨도다 하니라"

딤후 2:25
"거역하는 자를 온유함으로 징계할지니 혹 하나님이 저희에게 회개함을 주사 진리를 알게 하실까 하며"

② 인간은 회심에 협력한다

사 55:7
"악인은 그 길을 불의한 자는 그 생각을 버리고 여호와께로 돌아오라 그리하면 그가 긍휼히 여기시리라"

행 17:30
"알지 못하던 시대에는 하나님이 허물치 아니하셨거니와 이제는 어디든지 사람을 다 명하사 회개하라 하셨으니"

③ 회심의 필요성

겔 33:11
"주 여호와의 말씀에 나의 삶을 두고 맹세하노니 나는 악인의 죽는 것을 기뻐하지 아니하고 악인이 그 길에서 돌이켜 떠나서 사는 것을 기뻐하노라 이스라엘 족속아 돌이키고 돌이키라 너희 악한 길에서 떠나라 어찌 죽고자 하느냐 하셨다 하라"

마 18:3
"가라사대 진실로 너희에게 이르노니 너희가 돌이켜 어린아이들과 같이 되지 아니하면 결단코 천국에 들어가지 못하리라"

④ 역사적 믿음

행 26:27-28
"아그립바 왕이여 선지자를 믿으시나이까 믿으시는 줄 아나이다 아그립바가 바울더러 이르되 네가 적은 말로 나를 권하여 그리스도인이 되게 하려 하는도다"

약 2:19
"네가 하나님은 한 분이신 줄을 믿느냐 잘하는도다"

05 일시적 믿음

마 13:20-21
"돌밭에 뿌리웠다는 것은 말씀을 듣고 즉시 기쁨으로 받되 그 속에 뿌리가 없어 잠시 견디다가 말씀을 인하여 환난이나 핍박이 일어나는 때에는 곧 넘어지는 자요"

요일 2:19
"저희가 우리에게서 나갔으나 우리에게 속하지 아니하였나니 만일 우리에게 속하였더면 우리와 함께 거하였으려니와 저희가 나간 것은 다 우리에게 속하지 아니함을 나타내려 함이니라"

06 이적적 믿음

마 17:20
"너희가 만일 믿음이 한 겨자씨만큼만 있으면 이 산을 명하여 여기서 저기로 옮기라 하여도 옮길 것이요 또 너희가 못할 것이 없으리라"

행 14:9-10
"바울의 말하는 것을 듣거늘 바울이 주목하여 구원받을 만한 믿음이 그에게 있는 것을 보고 큰소리로 가로되 네 발로 바로 일어서라 하니 그 사람이 뛰어 걷는지라"

07 구원받는 믿음의 대상이신 그리스도

요 3:16
"하나님이 세상을 이처럼 사랑하사 독생자를 주셨으니 이는 저를 믿는 자마다 멸망치 않고 영생을 얻게 하려 하심이니라"

요 6:40
"내 아버지의 뜻은 아들을 보고 믿는 자마다 영생을 얻는 이것이니 마지막 날에 내가 이를 다시 살리리라 하시니라"

08 굳건한 확신의 필연성

히 6:11
"우리가 간절히 원하는 것은 너희 각 사람이 동일한 부지런을 나타내어 끝까지 소망의 풍성함에 이르러"

벧후 1:10
"그러므로 형제들아 더욱 힘써 너희 부르심과 택하심을 굳게 하라 너희가 이것을 행한즉 언제든지 실족지 아니하리라"

연구할 말씀

① 회개의 종류
마 27:3, 고후 7:10하

② 회심한 성경의 인물
렘 1:4, 눅 1:5, 딤후 3:15

③ 확신의 성경적 용어들
히 3:17-18, 고후 4:16-5:1, 딤후 1:12

복습 문제

1. 성경에서 회심이라 할 때 어떤 다양한 의미가 있는가?
2. 일시적인 회심과 반복되는 회심은 어떻게 다른가?
3. 참 회심이란 무엇이며 어떤 요소가 내포되어 있는가?
4. 회개에는 어떤 요소가 내포되어 있는가?
5. 로마 카톨릭은 회개를 어떻게 이해하는가?
6. 회심은 중생과 어떻게 구별되는가?
7. 회심은 누구의 일인가? 인간이 함께 작용하는가?
8. 성경은 몇 가지의 믿음을 말하고 있는가?
9. 역사적 믿음과 일시적 믿음과 기적적 믿음의 특성을 말하라.
10. 일시적인 믿음과 구원적 믿음은 어떻게 다른가?
11. 믿음에는 어떤 요소가 있으며 지식이 얼마나 필요한가?
12. 구원적 믿음에서 가장 중요한 요소는 무엇인가?
13. 구원적 믿음의 대상은 누구인가?
14. 신자는 언제나 구원의 확신이 있는가?
15. 이 확신은 어떻게 키워갈 수 있는가?

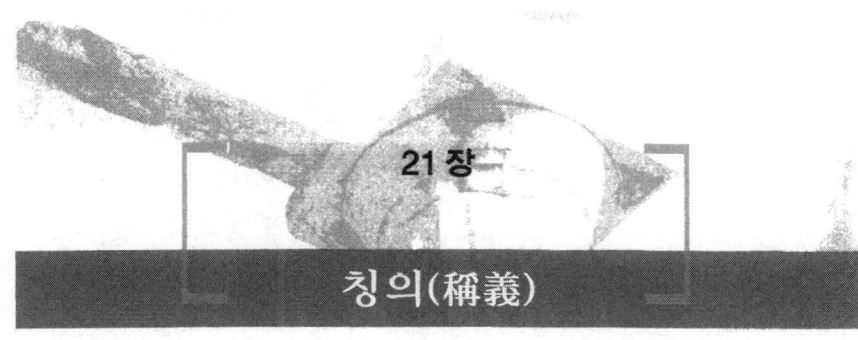

21장 칭의(稱義)

1. 칭의의 성질과 요소

(1) 칭의의 성질

칭의란 예수 그리스도의 완전한 의에 근거해서, 죄인을 의롭다 선언하시는 하나님의 법적 행위라고 정의할 수 있다. 칭의는 중생이나 회심이나 성화와 같이 갱신(更新)의 행위나 갱신의 과정이 아니므로, 죄인의 상태에 영향을 미치는 것이 아니라 죄인의 신분에 영향을 준다. 칭의는 몇 가지 특별한 점에서 성화와 차이점이 있다. 칭의(Justification)는 죄인 밖에서 즉 하나님의 법정에서 발생하는 것으로서, 죄책을 제거해 주며, 단번에 영원히 완성되는 행위인데 반하여, 성화는 인간 내부에서 일어나는 것으로서, 죄의 오염을 제거해 주며 계속적으로 일생을 걸쳐 행해지는 과정이다.

(2) 칭의의 요소

우리는 칭의에 있어서 두 가지 요소를 구별한다.

a. 소극적 요소(예수 그리스도의 의에 근거한 죄의 용서)

칭의에서 허락된 바 그 용서는 과거, 현재, 미래의 모든 죄에 적용되는 것이므로 반복을 인정치 않는다(시 103:12, 사 44:22, 롬 5:21, 8:1, 32-34, 히 10:14). 이 말은 우리가 죄의 용서를 위해 더 이상 기도할 필요가 없다는 것을 의미하는 것이 아니다. 왜냐하면, 죄책의 인식이 그대로 남아있어, 용서받지 못했다는 감정(분리된 감정)을 조장시키므로, 사죄의 확신에 대한 위안을 반복적으로 요청할 필요가 있도록 하기 때문이다(시 25:7, 32:5, 51:1, 마 6:12, 약 5:15, 요일 1:9).

b. 적극적 요소(하나님의 자녀로서 양자됨)

칭의로 인해 하나님은 믿는 자들을 그의 자녀로 삼으신다. 즉 하나님께서는 신자들을 자녀의 위치에 두시고, 그들에게 영원한 상속권은 물론 자녀의 모든 권세를 부여하신다고 말할 수 있다(롬 8:17, 벧전 1:4). 신자들의 이러한 법적 아들됨은 중생과 성화를 통한 도덕적 아들됨과는 구별되어야 한다. 이 둘 다 다음의 성구에서 잘 나타나 있다(요 1:12-13, 롬 8:15-16, 갈 4:5-6).

2. 칭의의 시간

칭의란 용어는 항상 동일한 의미로 사용되지는 않는다. 그래서 어떤 학자들은 사중적(四重的) 칭의 즉 영원으로부터 오는 칭의, 그리스도의 부활로 인한 칭의, 믿음으로 말미암는 칭의, 마지막 심판에서의 공적 칭의를 말한다.

(1) 영원으로부터 오는 칭의
관념적인 의미로 이 칭의를 설명해 보면, 그리스도의 의(義)는 구속의 뜻으로 신자들에게 이미 설명된 것이므로 영원으로부터 온 것이라고 말할는지 모르나, 이 설명은 죄인의 칭의에 대한 성경적 의미는 아니다. 우리는 하나님의 영원한 뜻 가운데서 작정된 것과 역사의 과정에서 실현되는 결과를 구별해야만 한다.

(2) 그리스도의 부활로 인한 칭의
그리스도의 부활로 인한 칭의에 대한 말은 몇 가지 이유가 있다. 어떤 의미에서 부활은 그리스도에 대한 칭의였으며, 그리스도 안에 있는 모든 신자가 의롭다 함을 얻었다고 할는지 모른다. 그러나 이러한 칭의는 보편적이고 순수한 객관적인 처사이므로, 이것이 죄인에 대한 개인적 칭의와 혼동되어서는 안 된다.

(3) 믿음으로 말미암는 칭의(진정한 칭의 교리)
성경은 죄인의 칭의에 대해 말할 때, 의롭다 하시는 하나님의 은혜를 주관적으로, 또 개인적으로 적용하고 전용하는 것을 말한다. 그래서 우리가 믿음으로 의롭다 함을 받는다고 일상적으로 표현한다.

이 말은 칭의란, 우리가 믿음으로 그리스도를 영접할 때 얻어지는 것이라는 사실을 의미하는 것이다. 그러므로 믿음이란 칭의의 도구요, 칭의가 전용되는 기관이라고 할 수 있다. 인간은 믿음으로 말미암아 그리스도의 의를 자신에게 적용하는데, 이 그리스도의 의(義)로 말미암아 인간은 하나님 앞에서 의롭다 하심을 얻는다.

믿음은 그 믿음이 그리스도를 소유하는 한(롬 4:5, 갈 2:16) 의(義)로 여겨진다고 볼 수 있다. 우리는 인간이 자신의 본래적 의나 자신의 믿음에 근거해서 의롭다함을 받는다고 주장하는 로마 카톨릭과 알미니안파의 잘못을 경계해야 한다. 인간 자신의 의나 믿음은 인간의 칭의에 근거해서 얻어질 수 없는 것이다. 이 인간 자신의 의나 믿음은 예수 그리스도의 완전한 의 속에서만 발견될 수 있는 것이다(롬 3:24, 10:4, 고후 5:21, 빌 3:9).

3. 칭의 교리에 대한 반대

이 교리에 대한 몇 가지 반대설이 대두된다.

a. 어떤 학자는 인간이 그리스도의 공로에 근거해서 의롭다 함을 받는다면, 인간은 은혜로 구원받는 것이 아니라고 주장한다. 그러나 칭의는 그것이 내포하고 있는 모든 것과 더불어 하나님의 은혜로운 사역인 것이다. 그리스도의 선물과, 하나님이 그리스도의 의를 우리에게 전가하심과, 하나님이 죄인을 의롭다 칭하심은 처음부터 끝까지 모두가 은혜인 것이다.

b. 또 어떤 학자는 죄인을 의롭다 선언하는 것이 하나님에게 있어서 무가치한 것이라고 말한다. 그러나 하나님은 죄인들이 자신들로 말미암아 의롭다함을 받았다고 선언하시지 않으시고, 죄인들은 다만 예수 그리스도의 의로 옷 입게 되었다고 선언하신다.

c. 마지막으로 어떤 학자들은 칭의 교리가 인간들로 하여금 그들의 도덕적 생활을 무관심하게 만들기 쉽다고 주장한다. 만일 죄인들이 행위

와는 상관없이 의롭다함을 받는다면, 왜 죄인들이 개인적 경건에 마음을 써야만 하는가? 그러나 칭의는 생명력 있는 그리스도와의 관계에 기초하므로 이것은 진정한 경건 생활을 위한 확실한 보증이 된다. 그리스도와 실제로 생명력 있는 연합을 이룩한 자는 도덕적인 면에서 무관심할 리가 없다.

참고할 성구

01 칭의의 일반적 고찰

롬 3:24
"그리스도 예수 안에 있는 구속으로 말미암아 하나님의 은혜로 값 없이 의롭다 하심을 얻은 자 되었느니라"

고후 5:21
"하나님이 죄를 알지도 못하신 자로 우리를 대신하여 죄를 삼으신 것은 우리로 하여금 저의 안에서 하나님의 의가 되게 하려 하심이니라"

02 믿음으로 말미암는 칭의

롬 3:28
"그러므로 사람이 의롭다 하심을 얻는 것은 율법의 행위에 있지 않고 믿음으로 되는 줄 우리가 인정하노라"

롬 4:5
"일을 아니할지라도 경건치 아니한 자를 의롭다 하시는 이를 믿는 자에게는 그의 믿음을 의로 여기시나니"

갈 2:16
"사람이 의롭게 되는 것은 율법의 행위에서 난 것이 아니요 오직 예수 그리스도를 믿음으로 말미암는 줄 아는 고로 우리도 그리스도 예수를 믿나니 이는 우리가 율법의 행위에서 아니고 그리스도를 믿음으로서 의롭다 함을 얻으려 함이라"

03 칭의와 죄의 용서

시 32:1-2
"허물의 사함을 얻고 그 죄의 가리움을 받은 자는 복이 있도다 마음에 간사가 없고 여호와께 정죄를 당치 않은 자는 복이 있도다"

행 13:38-39
"그러므로 형제들아 너희가 알 것은 이 사람을 힘입어 죄사함을 너희에게 전하는 이것이며 또 모세의 율법으로 너희가 의롭다 하심을 얻지 못하던 모든 일에도 이 사람을 힘입어 믿는 자마다 의롭다 하심을 얻는 것이라"

04 양자됨과 영생의 상속

요 1:12
"영접하는 자 곧 그 이름을 믿는 자들에게는 하나님의 자녀가 되는 권세를 주셨으니"

갈 4:4-5
"때가 차매 하나님이 그 아들을 보내사 여자에게서 나게 하시고 율법 아래 나게 하신 것은 율법 아래 있는 자들을 속량하시고 우리로 아들의 명분을 얻게 하려 하심이라"

롬 8:17
"자녀이면 또한 후사 곧 하나님의 후사요 그리스도와 함께 한 후사니 우리가 그와 함께 영광을 받기 위하여 고난도 함께 받아야 될 것이니라"

⑮ 그리스도의 의에 근거한 칭의

롬 3:21-22
"이제는 율법 외에 하나님의 한 의가 나타났으니 율법과 선지자들에게 증거를 받은 것이라 곧 예수 그리스도를 믿음으로 말미암아 모든 믿는 자에게 미치는 하나님의 의니 차별이 없느니라"

롬 5:18
"그런즉 한 범죄로 많은 사람이 정죄에 이른 것 같이 의의 한 행동으로 말미암아 많은 사람이 의롭다 하심을 받아 생명에 이르렀느니라"

연구할 말씀

① 칭의의 열매
롬 5:1-5
② 행위에 의한 칭의는 성경적인가?
약 2:21-25
③ 롬 3:5-8에 나타난 바울의 칭의관

복습 문제

1. 칭의란 무엇인가?
2. 칭의와 성화는 어떻게 다른가?
3. 칭의에는 어떤 요소가 내포되어 있는가?
4. 칭의에서 죄는 어느 정도까지 용서되는가?
5. 왜 신자는 용서받기 위하여 계속해서 기도해야 하는가?
6. 양자됨에는 무엇이 포함되어 있는가?
7. 믿음은 칭의와 어떤 관계가 있는가?
8. 칭의의 근거는 무엇인가?
9. 알미니안주의자는 칭의의 근거를 어디에 두는가?
10. 칭의의 교리에 대한 반론은 무엇이며, 그 해답은 무엇인가?

22장
성화와 성도의 견인(堅忍)

칭의의 교리 다음에는 자연히 성화의 교리가 따르게 된다. 칭의의 상태는 하나님에게 헌신된 성화의 생활을 요청하고 있다.

1. 성화의 본질과 특성

성화(聖化)란 죄인을 순결케 하시며, 죄인의 전성질(全性質)을 하나님의 형상으로 새롭게 하시며, 죄인으로 하여금 선행을 행할 수 있도록 하시는 성령의 계속적이고 은혜로우신 작용이라고 정의할 수 있다. 성화는 인간의 내부생활에서 일어난다는 면에서 볼 때, 칭의와 다르다. 성화는 법적 행위가 아니라 재창조적(원기를 북돋우는) 행위이며, 대체로 장기적 과정이며, 현세 생활에서는 완전에 도달할 수 없는 것이다. 성화는 결정적으로 하나님의 초자연적인 사역이지만 신자는 하나님이 그의 뜻대로 정해 주신 수단을 부지런히 사용함으로 성화에 있어 하나님과 상호 협력할 수 있으며 또 그렇게 해야 한다(고후 7:1, 골 3:5-14, 벧전 1:22). 성화란 중생에서 이미 주어진 것들로부터 단순히 초래되는 것이 아니라, 새 생활에 힘을 북돋우며, 증진시키며 견고케 하는 것이라고 볼 수 있다.

성화는 두 부분으로 구성되는데, 하나는 인간성의 오염과 타락의 점진적 제거이며(롬 6:6, 갈 5:24), 다른 하나는 하나님께 헌신하도록 하는 새 생활의 점진적인 발전(롬 6:4-5, 골 2:12, 3:1-2, 갈 2:19)이다. 성화는 인간의 마음에서 일어나므로, 자연히 전생애(全生涯)에 영향을 준다(롬 6:12, 고전 6:15, 20, 살전 5:23). 내적 인간의 변화는 외적 생활에 있어서의 변화를 반드시 동반해야 한다. 인간이 성화작용에서 상호 협력해야만 한다는 사실은 악과 유혹에 대한 반복적인 경고(롬 12:9, 16-17, 고전 6:9-10, 갈 5:16-23)와 거룩한 삶을 위한 끊임없는 권고(미 6:8, 요 15:4-7, 롬 8:12-13, 12:1-2, 갈 6:7-8, 15)에서부터 오는 것이다.

2. 현세에 있어서의 성화의 불완전성

성화가 인간의 각부분에 영향을 주지만, 신자의 영적 성장은 현세에서 불완전한 채로 남아있다고 볼 수 있다. 신자들은 그들이 살아있는 한 죄와 더불어 투쟁해야만 한다(왕상 8:46, 잠 20:9, 약 3:2, 요일 1:8). 신자들의 생활은 육과 영 사이의 항구적인 투쟁의 생활인데, 심지어 가장 잘 믿는 자라도 아직도 죄를 고백해야 하며(욥 9:3, 20, 시 32:5, 130:3, 잠 20:9, 사 64:6, 단 9:7, 롬 7:14, 요일 1:9), 죄를 용서받기 위해 기도해야 하며(시 51:1-2, 단 9:16, 마 6:12-13, 약 5:15), 보다 더 완전하기 위해 노력해야 한다(롬 7:7-26, 갈 5:17, 빌 3:12-14).

이 진리는 소위 완전주의 자들에 의해 부인되는데, 그들은 인간이 현세에서 완전에 도달할 수 있다고 주장한다. 또 그들은 성경이 성도들에게 완전하게 되기를 명령하며(마 5:48, 벧전 1:16, 약 1:4), 어떤 사람을 완전하다고 말하며(창 6:9, 욥 1:8, 왕상 15:14, 빌 3:15), 하나님에게서 난 자는 죄를 짓지 않는다고 언급한 사실(요일 3:6, 8-9, 5:18)에 근거해서 말한다. 그러나 우리가 완전하기 위해 노력해야만 한다는 사실은 어떤 인간이 이미 완전하다는 것을 증명하는 것이 아니다. 그뿐 아니라 '완전'이란 말은 항상 죄에서의 자유를 의미하는 것이 아니다. 노아와 욥과 아사는 완전한 자라고 불려졌지만, 역사는 그들이 죄가 없지는 않다는 것을 분명히 증명해 준다. 또 요한은 분명히 새 사람은 죄를 짓지 않는다는 사실과 신자는 죄 가운데 살지 않는다는 사실을 언급하였다. 그러나 바로 그 요한 자신이 만일 우리가 죄 없다 하면 스스로 속이고 또 진리가 우리 속에 있지 아니하다고 말해준다(요일 1:8).

3. 성화와 선행

성화는 자연히 선행의 생활로 인도한다. 이러한 선행의 생활은 성화의 열매라고 부를 수 있다. 선행은 완전한 행위가 아니라 하나님께 대한 사랑의 원리와 하나님께 대한 신앙의 원리에서 솟아 나오는 행위(마 7:17-18, 12:33, 35, 히 11:6)이며, 계시된 하나님의 뜻을 의식적으로 순종함으로써 행해지는 행위(신 6:2, 삼상 15:22, 약 2:8)이며, 하나님의 영광을 그 궁극적 목적으로 삼는 행위(고전 10:31, 골 3:17, 23)이다. 그런데 이와 같은 선행은 하나님의 성령에 의해 중생된 자들만이 행할 수 있다. 그러나 이 말이 비중생된 자는 어떠한 선도 행할 수 없는 것을 의미(참고, 왕하

10:29-30, 12:2, 14:3, 눅 6:33, 롬 2:14)하는 것은 아니다. 비 중생된 자라도 하나님의 일반 은총을 따라 외적으로 율법에 맞는 행위를 할 수 있으며 훌륭한 목적에 기여할 수도 있다. 그러나 그들의 행위는 언제나 근본적으로 불완전한 것이다. 그 이유는 그들이 하나님께 대한 사랑의 영적 뿌리로부터 분리되며, 하나님의 율법에 대한 진정한 내적 순종을 나타내지 못하며, 하나님의 영광을 목적하지 못하기 때문이다. 로마 카톨릭과는 반대로, 신자의 선행에 대하여 하나님께서 값 없는 은혜를 상으로 주시기로 약속하시긴 했지만, 그것이 공로가 되지 못한다는(눅 17:9-10, 엡 2:8-10, 딛 3:5) 사실을 우리는 주장해야 하며, 율법폐기론자들을 반대해서는 선행의 필요성을 주장해야 한다(골 1:10, 딤후 2:21, 딛 2:14, 히 10:24).

4. 성도의 견인(堅忍)

'성도의 견인'이란 표현은 자연히 신자들이 구원의 길에서 인내하는 계속적인 활동을 암시해 주는 것이다. 그러나 사실상 여기의 견인이란 신자의 활동이라기보다는 하나님의 사역인데 신자들도 이 활동에 참가해야만 한다. 엄밀히 말하면 인간의 구원에 대한 확신은 하나님이 인내하신다는 사실에 근거한다.

그러므로 '견인 은혜'란 심중에 일어나는 신적 은혜가 계속되고 완성되도록 역사하는바, 신자 내부에서의 성령의 계속적인 작용이라고 정의할 수 있다. 성경(요 10:28-29, 롬 11:29, 빌 1:6, 살후 3:3, 딤후 1:12, 4:18)은 분명히 이 교리에 대해 가르쳐 준다. 우리가 현세에서 구원의 확신을 얻을 수 있는 것은 우리가 하나님의 이러한 견인 은혜를 믿을 때뿐이다(히 3:14, 6:11, 10:22, 벧후 1:10).

  이 교리는 개혁주의 노선 외에서는 찬성을 받지 못한다. 이 교리는 배교에 대해 경고하는 말씀(히 2:1, 10:26)과 신자들에게 구원의 길을 계속 유지하도록 권고하는 말씀(마 24:13, 골 1:23, 히 3:14)과 심지어는 배교의 경우를 기록한 말씀(딤전 1:19-20, 딤후 2:17-18, 4:10)과 모순된다고 한다. 그러한 경고와 권고는 타락할 가능성을 가정하는 것 같으며, 또 배교의 실례는 그 가능성을 완전히 증명해 주는 것 같다. 그러나 사실상 그 경고와 권고는 다만 하나님이 간접적으로 역사하시며, 인간에게 견인 은혜의 사역에 협력하기를 원하신다는 것을 증명하는 것이다. 그리고 성경에 언급된 배교자는 참 신자들이었다는 증거가 없다(참조, 롬 9:6, 요일 2:19, 계 3:1).

참고할 성구

01 하나님의 사역으로서의 성화

살전 5:23
"평강의 하나님이 친히 너희로 온전히 거룩하게 하시고 또 너희 온 영과 혼과 몸이 우리 예수 그리스도 강림하실 때에 흠 없게 보전되기를 원하노라"

히 2:11
"거룩하게 하시는 자와 거룩하게 함을 입은 자들이 다 하나에서 난지라 그러므로 형제라 부르시기를 부끄러워 아니하시고"

02 성화에 있어서의 인간의 협동

고후 7:1
"그런즉 사랑하는 자들아 이 약속을 가진 우리가 하나님을 두려워하는 가운데서 거룩함을 온전히 이루어 육과 영의 온갖 더러운 것에서 자신을 깨끗케 하자"

히 12:14
"모든 사람으로 더불어 화평함과 거룩함을 좇으라 이것이 없이는 아무도 주를 보지 못하리라"

03 옛 사람의 종결

롬 6:6
"우리가 알거니와 우리 옛사람이 예수와 함께 십자가에 못 박힌 것은 죄의 몸이 멸하여 다시는 우리가 죄에게 종노릇 하지 아니하려 함이니"

갈 5:24
"그리스도 예수의 사람들은 육체와 함께 그 정과 욕심을 십자가에 못 박았느니라"

04 새 사람의 출발

엡 4:24
"하나님을 따라 의와 진리의 거룩함으로 지으심을 받은 새 사람을 입으라"

골 3:10
"새사람을 입었으니 이는 자기를 창조하신 자의 형상을 좇아 지식에까지 새롭게 하심을 받는 자니라"

05 현세에 있어서의 불완전한 성화

롬 7:18
"내 속 곧 내 육신에 선한 것이 거하지 아니하는 줄을 아노니 원함은 내게 있으나 선을 행하는 것은 없노라"

빌 3:12
"내가 이미 얻었다 함도 아니요 온전히 이루었다 함도 아니라 오직 내가 그리스도 예수께 잡힌 바 된 그것을 잡으려고 좇아가노라"

⑥ 선행의 성격

삼상 15:22
"사무엘이 가로되 여호와께서 번제와 다른 제사를 그 목소리 순종하는 것을 좋아하심같이 좋아하시겠나이까 순종이 제사보다 낫고 듣는 것이 수양의 기름보다 나으니"

고전 10:31
"그런즉 너희가 먹든지 마시든지 무엇을 하든지 다 하나님의 영광을 위하여 하라"

히 11:6
"믿음이 없이는 기쁘시게 못하나니 하나님께 나아가는 자는 반드시 그가 계신 것과 또한 그가 자기를 찾는 자들에게 상주시는 이심을 믿어야 할지니라"

⑦ 성도의 견인

요 10:28-29
"내가 저희에게 영생을 주노니 영원히 멸망치 아니할 터이요 또 저희를 내 손에서 빼앗을 자가 없느니라 저희를 주신 내 아버지는 만유보다 크시매 아무도 아버지 손에서 빼앗을 수 없느니라"

딤후 1:12
"이를 인하여 내가 또 이 고난을 받되 부끄러워하지 아니함은 나의 의뢰한 자를 내가 알고 또한 나의 의탁한 것을 그날까지 저가 능히 지키실 줄을 확신함이라"

딤후 4:18
"주께서 나를 모든 악한 일에서 건져내시고 또 그의 천국에 들어가도록 구원하시리니 그에게 영광이 세세 무궁토록 있을지어다 아멘"

연구할 말씀

① 완전한 성화의 시기
빌 3:21, 히 12:23, 계 14:5, 21:27

② 성화는 인간의 어떤 부분에 영혼을 주는가?
렘 31:34, 빌 2:13, 갈 5:24, 히 9 14

③ '완전' 이란 말의 의미

고전 2:6, 3:1-2, 히 5:14, 딤후 3:16

복습 문제

1. 성화는 무엇이며 칭의와 어떻게 구별되는가?
2. 성화는 하나님의 사역인가? 사람의 사역인가?
3. 성화의 두 부분을 말하라.
4. 현세에서는 성화가 완성되지 않는다는 증거가 무엇인가?
5. 이를 반대하는 자는 누구며 어떤 근거에서 반대하는가? 그리고 그 반대에 대한 대답은?
6. 엄격한 의미에서 선행이란 무엇인가?
7. 중생받지 못한 자도 선행을 할 수 있는가?
8. 우리의 선행이 공로가 될 수 있는가? 선행에 상주신다는 말씀은 무슨 뜻인가?
9. 어떤 의미에서 선행이 필요한가?
10. 성도의 구원을 끝까지 보장하신다는 말은 무슨 뜻인가?
11. 이 교리를 증명하라.

A Summary of Christian Doctrine

6부 교회론
: 은혜의 방편

- 23. 교회의 성질
- 24. 교회의 정치와 권세
- 25. 하나님의 말씀과 성례
- 26. 세례
- 27. 성찬

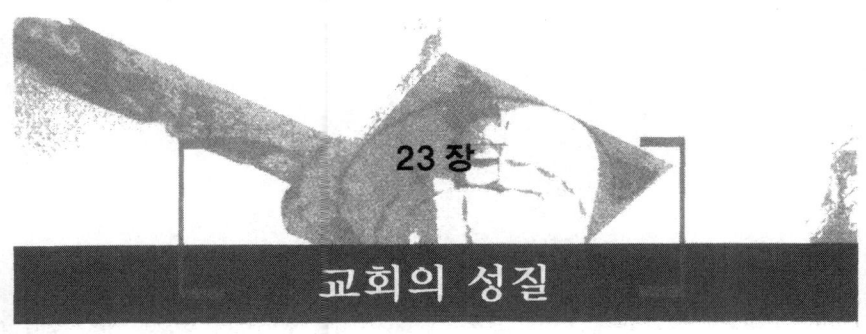

23 장
교회의 성질

1. 교회에 대한 일반적 고찰

교회에 관해 구약에 주로 사용된 용어는 '부르다' 라는 뜻의 동사에서 파생된 것이며, 신약의 용어는 '불러내다' 라는 뜻의 동사에서 나온 것이다. 이 두 명칭은 모두가 교회를 '하나님에 의해 부름 받은 회중' 으로 표현한다.

(1) 신약용어의 다양한 의미

대개 이 용어는 일반적으로 예배를 목적하고 모였든 그렇지 않든 간에 지교회(支敎會)를 의미한다(행 5:11, 11:26, 롬 16:4, 고전 11:18, 16:1). 때때로 이 용어는 가정적인 교회, 곧 집에 있는 교회를 의미한다(롬 16:5, 23, 고전 16:19, 골 4:15). 가장 포괄적인 의미로 이 말은 하늘에서나 지상에서나를 불문하고, 믿는 자의 모든 무리를 표현하는 것이다(엡 1:22, 3:10,

21, 5:23, 골 1:18, 24).

(2) 교회의 본질
로마 카톨릭과 신교는 교회의 본질적인 성질에 관한 견해에 차이가 있다. 구교는 주교, 대주교, 추기경, 교황과 같은 고위 성직자와 함께 주로 사제들로 구성되고 있는 외부적이고 유형적인 조직체로서의 교회에서 그 본질을 찾는다. 신교는 이러한 외적인 관념을 깨고 성도들의 무형적이고 영적인 교통에서 교회의 본질을 찾는다. 교회는 그 본질적인 성질에서 볼 때 모든 시대의 성도들 외에는 아무도 포함하지 않는다. 교회는 불신자로서는 참가할 수 없는 예수 그리스도의 영적인 지체(肢體)인 것이다.

(3) 교회의 구별

a. 투쟁적 교회와 승리적 교회
지상에 현존하는 교회는 거룩한 투쟁을 하는 것이므로 투쟁적 교회라 할 수 있다. 반면에 천상의 교회는 세상의 창검 대신에 승리의 종려나무로 대치되므로 승리적 교회라 할 수 있다.

b. 유형교회와 무형교회
이 구별은 지상에 존재하는 교회에 적용되는 것인데, 이 교회가 영적 성질에 관계되는 한에 있어서는 무형적이므로, 누구는 교회에 속하고 누구는 속하지 않는가를 분명히 결정하기란 불가능하다. 그러나 이 교회가 교인들의 신앙고백과 행위 면에서, 말씀과 성례의 사역 면에서, 또 교회의 외적 조직과 정치 면에서는 유형적인 것이다.

c. 유기체로서의 교회와 조직체로서의 교회

이 구별은 유형적 교회에간 적용된다. 유기체로서의 교회는 성도들의 교제 면에서와 세상에 대한 공동적인 반항에서 유형적이며, 또 조직체로서의 교회는 직무와 형체 면에서 유형적이다.

(4) 교회의 정의

무형적 교회란 하나님의 영(靈)으로 말미암아 부름받아 택함받은 자의 영적 무리, 또는 단순히 성도들의 영적 회합이라고 정의할 수 있다. 유형적 교회란 참 신앙을 어린아이와 같이 고백하는 자들의 단체라고 정의할 수 있다. 우리는 무형교회와 유형교회의 회원이 완전히 동일하지 않다는 사실에 주의를 기울여야 한다.

2. 교회의 속성(屬性)과 표지(標識)

교회에는 세 가지 속성이 있으며 세 가지 표지 또는 외적 특성이 있다.

(1) 교회의 속성

다음과 같은 세 가지 속성이 있다.

a. 교회의 통일성

로마 카톨릭의 주장을 따르면, 이 속성은 전세계에 퍼져있는 조직체로서의 통일성을 의미하는데, 신교는 예수 그리스도의 영적인 몸의 통일성을 의미한다.

b. 교회의 거룩성

로마 카톨릭은 교회의 거룩성을 교회의 교리, 도덕적 교훈, 예배, 권징의 거룩성에서 찾으려 하는데 반하여, 신교는 완전한 성결로 이끄는 새 생활을 영위함으로써, 그리스도 안에서 거룩하고, 원리 면에서 거룩한 그러한 교회의 회원들 가운데 둔다.

c. 교회의 보편성
로마 카톨릭은 특별히 교회의 보편성을 주장하는데, 그 이유는 구교가 전 지구상에 퍼져 있으며, 모든 종파들의 총수보다 많은 회원을 가지고 있기 때문이라고 한다. 반면에 신교는 무형적 교회를 진정한 보편적 교회로 보는데, 그 이유는 교회가 모든 시대와 모든 지역의 모든 신자들을 포함하기 때문이다.

(2) 교회의 표지(標識) 혹은 외적 특성
교회의 속성이 본래 무형교회에 속하는데 반하여, 교회의 표지는 유형교회에 속하며, 참 교회를 구별해 내는 데는 세 가지 특성이 있다.

a. 말씀의 참된 전파
말씀의 참된 전파는 교회의 가장 중요한 표지(標識)이다(요일 4:1-3, 요이 9). 이 말은 말씀 전파가 완전하고 절대적으로 순수해야 된다는 것을 의미하는 것이 아니라, 말씀전파가 기독교의 근본에 있어서 참되어야 하며, 믿음과 행위에 지배적 영향을 끼쳐야 한다는 것을 의미하는 것이다.

b. 성례의 정당한 집행
로마 카톨릭교와 같이 성례가 말씀과 분리되어서는 안 된다. 성례는 신적 제도에 따라서, 합법적 성직자들에 의해 성도들과 그의 자손들에게만 집행되어야 할 것이다(마 28:19, 막 16:16, 행 2:42, 고전 11:23-30).

c. 권징의 신실한 시행

이것은 교리의 순수성을 유지하며 성례의 거룩성을 보호하는데 꼭 필요한 것이다(마 18:18, 고전 5:1-5, 13, 14:33, 40, 계 2:14-15, 20).

참고할 성구

01 교회의 단일성

요 10:16
"또 이 우리에 들지 아니한 다른 양들이 내게 있어 내가 인도하여야 할 터이니 저희도 내 음성을 듣고 한 무리가 되어 한 목자에게 있으리라"

요 17:20-21
"내가 비옵는 것은 이 사람들만 위함이 아니요 또 저희 말을 인하여 나를 믿는 사람들도 위함이니 아버지께서 내 안에 내가 아버지 안에 있는 것 같이 저희도 다 하나가 되어 우리 안에 있게 하사 세상으로 아버지께서 나를 보내신 것을 믿게 하옵소서"

엡 4:4-6
"몸이 하나이요 성령이 하나이니 이와 같이 너희가 부르심의 한 소망 안에서 부르심을 입었느니라 주도 하나이요 믿음도 하나이요 세례도 하나이요 하나님도 하나이시니 곧 만유의 아버지시라 만유 위에 계시고 만유를 통일하시고 만유 가운데 계시도다"

02 교회의 거룩성

출 19:6
"너희가 내게 대하여 제사장 나라가 되며 거룩한 백성이 되리라 너는 이 말을 이스라엘 자손에게 고할지니라"

벧전 2:9
"오직 너희는 택하신 족속이요 왕같은 제사장들이요 거룩한 나라요 그의 소유된 백성이니 이는 너희를 어두운 데서 불러내어 그의 기이한 빛에 들어가게 하신 자의 아름다운 덕을 선전하게 하려 하심이라"

03 교회의 보편성

시 2:8
"내게 구하라 내가 열방을 유업으로 주리니 네 소유가 땅끝까지 이르리로다"

계 7:9
"이 일 후에 내가 보니 각 나라와 족속과 백성과 방언에서 아무도 능히 셀 수 없는 큰 무리가 흰 옷을 입고 손에 종려가지를 들고 보좌 앞과 어린 양 앞에 서서"

04 진리보존의 필연성

딤후 1:13
"너는 그리스도 예수 안에 있는 믿음과 사랑으로써 내게 들은 바 바른 말을 본 받아 지키고"

딤후 2:15
"네가 진리의 말씀을 옳게 분변하며 부끄러울 것이 없는 일군으로 인정된 자로 자신을 하나님 앞에 드리기를 힘쓰라"

딛 2:1
"오직 너는 바른 교훈에 합한 것을 말하여"

⑤ 정당한 성례 집행의 필연성

행 19:4-5
"바울이 가로되 요한이 회개의 세례를 베풀며 백성에게 말하되 내 뒤에 오시는 이를 믿으라 하였으니 이는 곧 예수라 하는 늘 저희가 듣고 주 예수의 이름으로 세례를 받으니"

고전 11:28-30
"사람이 자기를 살피고 그 후에야 이 떡을 먹고 이 잔을 마실지니 주의 몸을 분변치 못하고 먹고 마시는 자는 자기의 죄를 먹고 마시는 것이니라 이러므로 너희 중에 약한 자와 병든 자가 많고 잠자는 자도 적지 아니하니"

⑥ 권징의 필연성

마 16:19
"내가 천국 열쇠를 네게 주리니 네가 땅에서 무엇이든지 매면 하늘에서도 매일 것이요 네가 땅에서 무엇이든지 풀면 하늘에서도 풀리라 하시고"

딛 3:10-11
"이단에 속한 사람을 한 두번 훈계한 후에 멀리하라 이러한 사람은 네가 아는 바와 같이 부패하여서 스스로 정죄한 자로서 죄를 짓느니라"

연구할 말씀

① 오순절 이전에 교회가 존재했는가?
마 18:17, 행 7:38

② 교회란 말에 대한 바른 의미
행 9:31

③ 고린도 교회를 권징한 어떤 이유가 있었는가?
고전 5:1-5, 13, 11:17-34, 고후 2:5-11

복습 문제

1. 성경에서 '교회'란 말의 뜻은 무엇인가?
2. 교회의 본질에 대한 로마 카톨릭과 신교의 견해를 말하라.
3. 투쟁적 교회와 승리적 교회는 어떻게 다른가?
4. 유형 교회와 무형 교회는 무엇을 말하는가?
5. 어떤 의미에서 교회는 무형 교회인가?
6. 유기체로서의 교회와 조직체로서의 교회는 어떻게 다른가?
7. 유형 교회와 무형 교회를 어떻게 한정할 수 있는가?
8. 교회의 속성은 무엇인가? 로마 카톨릭의 견해는?
9. 교회의 표지는 무엇이며 어떤 목적에 쓰이는가?
10. 말씀의 참된 선포에 대하여 말하라.
11. 성례의 바른 집행에 대하여 말하라.
12. 권징은 왜 필요한가?

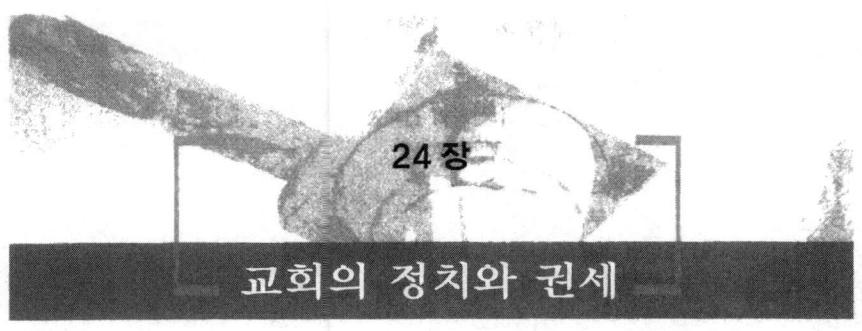

24장 교회의 정치와 권세

그리스도께서는 교회의 머리 되시며, 모든 권위의 근원이 되신다(마 23:10, 요 13:13, 고전 12:5, 엡 1:20-23, 4:11-12, 5:23-24). 그는 교회를 다스리시되 강제적으로 하지 않으시고, 말씀과 성령에 의해 다스리신다. 교회의 모든 직원들은 그리스도의 권위로 옷 입은 자이므로, 그의 말씀의 지배에 순종해야 할 것이다.

1. 교회의 직원

신약에 보면, 교회의 직원은 두 종류로 나타나 있다.

(1) 특수 직원

a. 사도

교회 직원 중에 가장 중요한 직원은 사도직이다. 엄밀한 의미로 특수 직원이란 명칭은 예수님에 의해 직접 택함받은 그 제자와 바울에게만 적용되지만, 이 칭호는 사도적 인물들에게도 적용된다(행 14:4, 14, 고전 9:5-6, 고후 8:23, 갈 1:19).

사도들은 일정한 특별 자격을 가진다. 그들은 그리스도에 의해 직접 부름을 받고(갈 1:1), 부활하신 그리스도를 보았으며(고전 9:1), 영감받음을 의식했고(고전 2:13), 이적을 행했으며(고후 12:12), 그들의 사역을 행하는데 충만한 축복을 받았다(고전 9:1).

b. 선지자

또한 신약성경은 선지자들에 대해 말하는데 이들은 교회에 대한 교훈을 말하도록 특별한 은사를 받은 인물들인데, 어떤 때는 미래사를 예고하기도 한다(행 11:28, 13:1-2, 15:32, 엡 4:11).

c. 전도자

또 신약은 전도자에 관해 언급하고 있는데, 이들은 사도들의 일을 돕는 자들이다(행 21:8, 엡 4:11, 딤후 4:5).

(2) 보통 직원

사도행전은 특별히 장로에 대해 자주 언급하고 있다(행 11:30, 14:23, 15:2, 6, 22, 16:4, 20:17, 21:18). 그와 병행해서 감독이란 칭호가 사용되는데, 이는 동일한 직원을 가리키는 것이다(행 20:17, 28, 딤전 3:1, 5:17, 19, 딛 1:5, 7, 벧전 5:1-2). 이 두 칭호는 모두 동일 계급의 직원들에게 적용되는데, 장로란 칭호는 그들의 나이를 강조한 것이며, 감독은 감시자로서의 직무를 강조한 것이다. 장로는 본래 교사가 아니지만 가르치는 직능이 그들의 직책과 관련이 되어 있다(엡 4:11, 딤전 5:17, 딤후 2:2).

디모데전서 5장 17절에 보면 어떤 장로는 단순히 치리만 했으나, 다른 어떤 장로는 가르치기도 한다. 이뿐 아니라 신약(빌 1:1, 딤전 3:8, 10, 12)은 집사에 대해 언급하고 있다. 집사직의 제도는 사도행전 6장 1-6절에 기록되어 있다는 것이 일반적 견해이다.

2. 교회의 회의

개혁교회는 많은 정치체제를 가지고 있다. 이들 서로의 관계는 주의 깊은 순서에 의해 구분된다. 이 여러 회의는 당회, 노회, 총회를 말하는 것이다. 당회는 지교회의 목사와 장로로 구성되고, 노회는 일정한 지역 내에 각 지교회의 목사 일인과 장로 일인으로 구성되며, 총회는 각 노회에서 파송된 같은 수의 목사와 장로로 구성된다.

(1) 지교회의 정치
지교회의 정치는 전형적인 특징을 갖고 있다. 교인들에 의해 피택된 목사와 장로는 교회의 관리를 위한 하나의 당회를 구성한다(행 14:23, 20:17, 딛 1:5). 장로는 교인들에 의해 선택되나 그들의 권위를 교인(인간)들에게서 받은 것이 아니라, 교회의 주가 되시는 예수 그리스도에게서 직접 받는 것이라고 본다. 모든 지교회는 교회의 사건을 정치하기 위해 충분히 구비된 하나의 완성적인 교회이다. 그러나 지교회는 공통적 일치점을 근거로 해서 다른 교회와 관련을 맺으므로 지교회는 완전히 독립될 수가 없다. 교회헌장은 지교회의 권리와 이익을 수호하지만 한편으로는 연합된 교회의 공통의 권리와 이익을 보장해 준다.

(2) 주요회의 또는 대회의(大會議)
지교회가 교회의 연합성을 보다 잘 이룩하기 위해 관계를 맺는 경우, 노회나 대회와 같은 대회의가 필요한 것이다. 사도행전 15장에 기록된 예루살렘 회의는 하나의 대회의적 성질을 말해주는 것이다. 회중의 직접 대표자들은 당회를 구성하며 이 회원 중에 일정한 수가 노회의 총대로 파송되며, 또 이 노회원 중 일부가 총회의 총대가 된다.

교회 회의는 본질상 교회적인 사건들, 곧 교리와 도덕, 교회 정치와 권징에 관한 문제들만을 취급한다. 그러나 대회의는, 성질상 소회의(小會議)에 속하나 어떤 이유에서 거기서 해결할 수 없는 사건들, 또는 성질상 소회의의 영역에 속하나 일반교회에 관계된 사건들까지도 다루게 된다. 그리고 대회의의 결정은 권고적이라고 솔직히 선언된 경우를 제외하고는 다 권위적인 것이다.

3. 교회의 권세

교회의 권세는 영적이다. 그 이유는 교회의 권세가 성령에 의해 주어지며(행 20:28), 성령의 권세의 표명인 동시에(요 20:22-23), 오로지 신자들에게만 관계되며(고전 5:12-13), 영적인 방법으로만 집행되기(고후 10:4) 때문이다. 또한 교회의 권세는 대리적인 권세인데, 이 권세는 그리스도에게서 나온 것이며, 그의 이름으로 시행된다. 이 교회의 권세는 세 가지로 나누어진다.

(1) 교리권(교훈권) : 가르치는 권세

교회는 진리를 수호하며, 오고오는 세대에 진리를 신실하게 전하고, 불신의 모든 세력으로부터 진리를 보수(保守)하도록(딤전 1:3-4, 딤후 1:13, 딛 1:9-11) 위임을 받은 것이다. 그러므로 교회는 말씀을 세계 모든 민족들에게 끊임없이 전파해야 하고(사 3:10-11, 고후 5:20, 딤전 4:13, 딤후

2:15, 4:2, 딛 2:1-10), 신조와 신앙고백을 작성해야 하며, 장래 사역자들의 훈련을 위해 준비해야만 한다(딤후 2:2).

(2) 치리권

하나님은 질서의 하나님이시므로 교회의 모든 것들이 단정하고 질서있게 되기를 원하신다(고전 14:33, 40). 그러기 위해서 하나님은 교회 일들의 적절한 규정을 제공해 주셨고, 그리스도의 법을 실행한 교권을 교회에 주셨다(요 21:15-17, 행 20:28, 벧전 5:2). 이 교권은 권징의 권한도 포함한다(마 16:19, 18:18, 요 20:23, 고전 5:2, 7, 13, 살후 3:14-15, 딤전 1:20, 딛 3:10).

교회 권징의 목적은 두 가지인데, 하나는 교인들의 입교와 출교에 관한 그리스도의 법을 시행하는 것이며, 다른 하나는 교인들로 하여금 그리스도의 법에 순종케 함으로써 그들의 영적 교훈을 촉진시키려는 것이다. 만일 병든 교인이 있으면, 교회는 먼저 그를 치료하려고 노력할 것이다. 그러나 만일 이를 실패한다면 절단하여야 할 것이다. 교회는 공적인 범죄가 있으면 비록 정신적인 고소가 없더라도 치리하여야 하며, 개인적 범죄인 경우에는 마태복음 18장 15-18절에 언급된 규칙을 적용해야 한다.

(3) 봉사권

그리스도께서는 그의 제자들을 전도만 하도록 하실 뿐 아니라 모든 질병들을 낫게 하기 위하여 파송하셨다(마 10:1, 8, 눅 9:2, 10:9, 17). 초대 교인들 중에는 신유(神癒)의 은사를 받은 자들이 더러 있었다(고전 12:9-10, 28, 30). 이러한 특별한 은사는 사도 시대가 지난 후로부터 중단되었다. 그때로부터 자선의 봉사는 교회로 하여금 가난한 사람을 돌보게 하는데 크게 국한되었다. 주님은 이러한 의무를 암시하신 바 있다(마 26:11, 막 14:7). 초대 교회는 유무상통하는 생활을 실천하므로 아무도 생활에 궁핍한 자가 없었다(행 4:34). 그 후 "공궤를 일삼도록" 일곱 집사를 임명하여, 그들로 하여금 가난한 자들에게 식물을 공평하게 분배할 수 있게 하셨다(행 6:1-6). 그 후 집사라는 말이 계속 나온다(롬 16:1, 빌 1:1, 딤전 3:8-12). 특히 신약은 가난한 자를 위하여 물품을 모아 분배해 주는 일을 크게 강조해 주고 있다(행 11:29, 20:35, 고전 16:1-2, 고후 8:13-15, 9:1, 6-7, 갈 2:10, 6:10, 엡 4:28, 딤전 5:10, 16, 약 1:27, 2:15-16, 요일 3:17).

참고할 성구

① 그리스도는 교회의 머리이시다

엡 1:22-23
"그를 만물 위에 교회의 머리로 주셨느니라 교회는 그의 몸이니 만물 안에서 만물을 충만케 하시는 자의 충만이니라"

골 1:18
"그는 몸인 교회의 머리라 그가 근본이요 죽은 자들 가운데서 먼저 나신 자니 이는 친히 만물의 으뜸이 되려 하심이요"

② 사도의 특별한 자격

고전 9:1-2
"내가 자유자가 아니냐 사도가 아니냐 예수 우리 주를 보지 못하였느냐 주 안에서 행한 나의 일이 너희가 아니냐 다른 사람들에게는 내가 사도가 아닐지라도 너희에게는 사도니 나의 사도 됨을 주 안에서 인친 것이 너희라"

고후 12:12
"사도의 표된 것은 내가 너희 가운데서 모든 참음과 표적과 기사와 능력을 행한 것이라"

③ 장로와 감독의 직무

행 14:23
"각 교회에서 장로들을 택하여 금식기도하며 저희를 그 믿은 바 주께 부탁하고"

딤전 3:1
"미쁘다 이 말이여 사람이 감독의 직분을 얻으려 하면 선한 일을 사모한다 함이로다"

딛 1:5
"내가 너를 그레데에 떨어뜨려 둔 이유는 부족한 일을 바로 잡고 나의 명한 대로 각 성에 장로들을 세우게 하려 함이니"

④ 특정한 장로의 가르치는 기능

딤전 5:17
"잘 다스리는 장로들을 배나 존경할 자로 알되 말씀과 가르침에 수고하는 이들을 더할 것이니라"

딤후 2:2
"또 네가 많은 증인 앞에서 내게 들은 바를 충성된 사람들에게 부탁하라 저희가 또 다른 사람들을 가르칠 수 있으리라"

05 집사의 직무

딤전 3:10
"이에 이 사람들을 먼저 시험하여 보고 그 후에 책망할 것이 없으면 집사의 직분을 하게 할 것이요"

06 장로의 사역의 영적 본질

행 20:28
"너희는 자기를 위하여 또는 온 양 떼를 위하여 삼가라 성령이 저들 가운데 너희로 감독자를 삼고 하나님이 자기 피로 사신 교회를 치게 하셨느니라"

벧전 5:2-3
"너희 중에 있는 하나님의 양 무리를 치되 부득이함으로 하지 말고 오직 하나님의 뜻을 좇아 자원함으로 하며 더러운 이를 위하여 하지 말고 오직 즐거운 뜻으로 하며 맡기운 자들에게 주장하는 자세를 하지 말고 오직 양 무리의 본이 되라"

07 권징의 권세

마 18:18
"진실로 너희에게 이르노니 무엇이든지 너희가 땅에서 매면 하늘에서도 매일 것이요 무엇이든지 땅에서 풀면 하늘에서도 풀리리라"

요 20:23
"너희가 뉘 죄든지 사하면 사하여질 것이요 뉘 죄든지 그대로 두면 그대로 있으리라 하시니라"

연구할 말씀

① 12사도와 바울 외에 어떤 사람들을 사도라 불렀는가?
행 14:4, 14, 고전 9:5-6, 고후 8:23, 갈 1:19

② 누가 성경에서 전도자라 불리워졌는가?
행 21:8, 딤후 4:5

③ 마 18:15-17에 나타난 권징

복습 문제

1. 교회의 머리는 누구이며, 그는 무엇을 표준으로 하여 다스리는가?

2. 교회의 특수 직원은 누구인가?
3. 사도의 특성은 무엇인가?
4. 선지자와 전도자는 어떤 일을 하는가?
5. 보통 직원은 누구인가?
6. 장로를 무엇이라고도 부르는가?
7. 집사의 직분은 언제 세워졌는가?
8. 교회에는 어떤 회가 있는가?
9. 지교회는 어디까지 독립적인가?
10. 교회의 회들은 성경 어디에 근거하고 있는가?
11. 교회의 각 회는 어떻게 구성되는가?
12. 교회의 회가 결정한 것은 어느 정도까지 권한이 있는가?
13. 교회에는 어떤 권한이 있는가?
14. 교회 권징의 목적은 무엇인가?
15. 교회에서 자비의 봉사란 무엇인가?

25장
은혜의 방편
하나님의 말씀과 성례

1. 하나님의 말씀

카톨릭에서는 가장 중요한 은혜의 방편을 성례라고 하지만, 하나님의 말씀이야말로 은혜의 가장 중요한 방편이 되는 것이다.

(1) 말씀과 성령

'은혜의 방편' 이란 말은 보다 넓은 의미로 사용될 수 있지만 여기서는 교회가 사용하기로 한 방편의 표명이란 뜻으로 사용된다. 여기서 우리가 '말씀' 이라고 말할 때, 우리는 인격적인 말씀(삼위 중 제 2위)이나 능력있는 창조의 말씀(시 33:6)을 말하는 것이 아니라, 성경에 포함되어 있고 교회에 전해진 하나님의 말씀을 특히 언급하는 것이다(벧전 1:25).

그것은 하나님의 은혜의 말씀이므로 은혜의 가장 중요한 방편인 것이다. 한편 강조할 점은 전파되는 말씀인데, 이것은 다른 방법으로 인간에게 전해지는 것이니, 즉 가정에서와 학교에서 대화나 종교적 문학의 방편으로 소개될 수 있는 것이다. 그 말씀은 성령의 역사를 통하여서만 은혜의 방편의 효과가 된다. 그 말씀만은 믿음과 회심을 일으키는데 충족치 않지만 꼭 필요한 도구인 것이다.

한편 성령은 믿음과 회심을 일으킬 수 있긴 하지만, 말씀을 떠나서는 통상적인 역사를 하지 않는다. 말씀전파는 성령의 역사에 의해서 결실을 맺을 수 있다.

(2) 은혜의 방편으로서의 말씀인 두 부분

은혜의 방편인 말씀은 두 부분, 즉 율법과 복음으로 구성된다.

a. 율법

은혜의 방편으로서 율법은 먼저 인간으로 하여금 죄를 자각케 하며(롬 3:20), 율법의 요구에 응하기에 무능력함을 깨닫게 하고, 그리스도께로 인도하는 몽학선생이 되게 하는 목적이 있다(갈 3:24). 또한 율법은 신자들의 생활규칙이므로, 그들의 의무를 상기시키며 생명과 구원의 길로 인도해 준다.

b. 복음

복음은 예수 그리스도 안에 나타난바 구원의 방도의 명백한 표시이다. 복음은 죄인들로 하여금 그리스도께로 와서 믿고 회개하도록 권고하며, 진정으로 회개하고 믿는 자에게 금생과 내생에 있어 구원의 모든 축복을 약속해 준다. 또 복음은 믿는 모든 자를 위한 구원에 이르는 하나님의 능력이다(롬 1:16, 고전 1:18).

2. 성례의 일반적 고찰

하나님의 말씀은 은혜의 한 방편으로 완전하다. 그러나 성례는 말씀을 떠나서는 완전하지 못하다. 이 말은 로마 카톨릭과 반대되는 견해인데, 로마 카톨릭은 성례가 구원에 필요한 전부라고 가르친다. 말씀과 성례는 다음과 같은 면에서 차이가 있다.

a. 말씀은 절대적으로 필요한 것인데 반하여, 성례는 그렇지 않다.

b. 말씀은 믿음을 일으키며 믿음을 강하게 하나, 성례는 믿음을 강하게만 한다.

c. 말씀은 전 세계를 대상한 것인데 반해, 성례는 신자들과 그들의 후손들을 위해서만 시행되는 것이다.

다음 몇 가지 면에서 관찰해 보자.

(1) 성례의 구성 부분
성례는 3부분으로 나뉘어 진다.

a. 외적, 가견적 표시
성례는 각각 외적인 요소를 포함한다. 이 외적 요소는 세례에 있어서는 물이요, 성찬에 있어서는 떡과 포도주이다. 이 외적 요소만을 받는 자는 성례를 받았다고 말할는지 모르나 성례가 의미하는바 모든 것을 받은 것이 아니며, 성례의 가장 중요한 것을 받지 못한 것이라고 할 수 있다.

b. 내적, 영적 은혜의 표징

이 표징은 성례가 의미하는 바를 가리키는 것으로서 성례의 내부적 요소인 것이다. 이 요소는 믿음의 의(롬 4:11), 사죄(막 1:4), 즉 믿음과 회개(막 1:4, 16:16) 또는 그리스도의 죽음과 부활을 통한 그리스도와의 연합 등을 말하는 것이다.

c. 표시(表示)와 표징과의 연합

이것은 실질상 성례의 본질을 말하는 것이다. 성례가 믿음으로 받아지는 곳에는 하나님의 은혜가 동반된다. 성례란 그리스도로 말미암아 제정된 거룩한 제도로서, 이 제도를 통하여 그리스도 안에 나타난 하나님의 은혜가 감각적 표시에 의하여 신자들에게 제시되고 확증되고 적용되는 것이며, 한편 신자들은 하나님께 그들의 신앙과 순종을 표현하게 되는 것이다.

(2) 성례의 수(數)

구약시대에는 두 가지 성례, 즉 할례와 유월절 예식이 있었다. 할례는 아브라함 시대에 제정된 것이었으며, 유월절은 모세 당시에 시작된 것이다. 이 두 예식은 모두 구약의 제사 제도와 조화되는 유혈(有血) 성례이었다. 신약교회에도 역시 두 가지 성례, 즉 무혈(無血) 예식인 세례와 성찬이 있었다. 그리스도가 완전한 희생을 드린 후로는 더이상 피흘림이 필요없게 되었다. 로마교회는 부당한 방법으로 견진, 고해, 신품(按手), 혼배(結婚), 종유(終油) 예식 등을 추가함으로 성례의 수를 확대시켰다.

(3) 구약성례와 신약성례의 비교

로마교회는 이 둘을 서로 본질상 차이가 있는 것으로 본다. 즉 구약성례는 단순한 예표에 불과하므로, 받는 자의 법적 위치에만 영향을 주고, 받는 자의 영적 상태에는 아무런 영향을 주지 못하며, 받는 자의 신앙에 의해 영향이 좌우된다고 본다. 신약성례는 받는 자의 영적 상태와는 관계없이 다만 성례행위에 의해서 받는 자의 심령에 영적 은혜가 있다고 주장한다. 그러나 사실 본질상 차이는 없다(롬 4:11, 고전 5:7, 10:1-4, 골 2:11).

그러나 다음과 같은 몇 가지 상이점이 있기는 하다.

a. 구약성례는 영적 의미 이외에 국가적 국면이 있으며,

b. 구약성례는 장차 올 그리스도의 희생을 예시하는 것인데 반해 신약성례는 완성된 희생의 회고이며,

c. 구약성례는 성례를 받는 자에게 신약성례가 주는 정도의 영적 은혜의 풍부한 양(量)을 전하지 못하였다.

참고할 성구

01 은혜의 수단인 말씀

롬 10:17
"그러므로 믿음은 들음에서 나며 들음은 그리스도의 말씀으로 말미암았느니라"

고전 1:18
"십자가의 도가 멸망하는 자들에게는 미련한 것이요 구원을 얻는 우리에게는 하나님의 능력이라"

02 율법의 두 가지 기능

롬 3:20
"그러므로 율법의 행위로 그의 앞에 의롭다 하심을 얻을 육체가 없나니 율법으로는 죄를 깨달음이니라"

롬 7:7
"그런즉 우리가 무슨 말 하리요 율법이 죄냐 그럴 수 없느니라 율법으로 말미암지 않고는 내가 죄를 알지 못하였으니 곧 율법이 탐내지 말라 하지 아니하였더면 내가 탐심을 알지 못하였으리라"

요일 5:3
"하나님을 사랑하는 것은 이것이니 우리가 그의 계명들을 지키는 것이라 그의 계명들은 무거운 것이 아니로다"

03 복음의 기능

롬 1:16
"내가 복음을 부끄러워하지 아니하노니 이 복음은 모든 믿는 자에게 구원을 주시는 하나님의 능력이 됨이라 첫째는 유대인에게요 또한 헬라인에게로다"(비교; 고전 1:18)

04 성례의 영적 의미

롬 4:11
"저가 할례의 표를 받은 것은 무할례시에 믿음으로 된 의를 인친 것이니 이는 무할례자로서 믿는 모든 자의 조상이 되어 저희로 의로 여기심을 얻게 하려 하심이라"

고전 5:7
"너희는 누룩 없는 자인데 새 덩어리가 되기 위하여 묵은 누룩을 내어버리라 우리의 유월절 양 곧 그리스도께서 희생이 되셨느니라"

골 2:12
"너희가 세례로 그리스도와 함께 장사한 바 되고 또 죽은 자들 가운데서 그를 일으키신 하나님의 역사를 믿음으로 말미암아 그 안에서 함께 일으키심을 받았느니라"

요 6:51
"나는 하늘로서 내려온 산 떡이니 사람이 이 떡을 먹으면 영생하리라 나의 줄 떡은 곧 세상의 생명을 위한 내 살이로다 하시니라"

연구할 말씀

① 율법이 신약성도들의 생활의 표준인가?
마 5:17-19, 롬 13:10, 엡 6:2, 약 2:8-11, 요일 3:4, 5:3

② 성례가 성도와 그의 자녀들에게만 유효한가에 대한 증명
창 17:10, 출 12:43-45, 막 16:16, 행 2:39, 고전 11:28-29

③ 할례에 대한 초대교회의 반응
행 15장, 갈 2:3-9

복습 문제

1. 은혜의 방편이란 무엇을 뜻하는가?
2. 하나님의 말씀은 어떤 의미에서 은혜의 방편인가?
3. 왜 하나님의 말씀이 가장 중요한 은혜의 방편인가?
4. 말씀과 성령의 관계를 말하라.
5. 율법은 어떤 은혜의 방편의 구실을 하는가?
6. 복음의 기능은 무엇인가?
7. 성례는 말씀과 어떤 관계에 있는가?
8. 말씀과 성례는 은혜의 방편으로서 어떻게 다른가?
9. 성례란 무엇인가?
10. 성례의 상징은 무엇인가?
11. 성례는 무엇을 상징하고 있는가?
12. 구약의 성례는 신약의 성례와 어떻게 다른가?

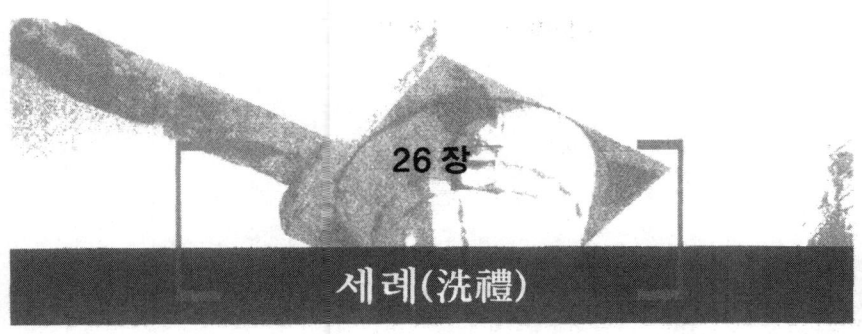

26장
세례(洗禮)

그리스도께서는 부활하신 후 세례식을 제정하였다(마 28:19, 막 16:16). 그리스도께서는 그의 제자들에게 모든 족속으로 제자를 삼아 아버지와 아들과 성령의 이름으로 세례를 주라고 명령하셨다. 다시 말하면 삼위일체 하나님과 특별한 관계를 맺게 하라고 명하신 것이다.

예수님은 세례의 형식에 대하여 규정하려 하지 않으셨지만, 교회가 그 필요성을 느꼈을 때 이 제정의 말씀을 선택하였던 것이다. 현재의 형식은 2세기초 이전에 사용되었던 것이다.

신교에서는 공인된 목사에 의해 삼위일체 하나님의 이름으로 시행되는 세례를 합법적인 것으로 간주하는데 반하여, 로마 카톨릭은 세례를 구원에 절대적으로 필요한 것으로 간주함으로 어린아이가 위독할 때는 신부 이외의 다른 사람에게도 특히 조산원에게도 세례를 베풀도록 허락하고 있다.

1. 세례의 바른 양식(樣式)

침례교회는 세례의 합당한 양식(樣式)이 침례(浸禮)라고 말할 뿐 아니라, 심지어는 침례가 세례의 본질에 속한다고 주장하며, 다른 어떤 방법으로 시행된 세례는 세례가 아니라고 한다. 또 그들은 세례의 근본적인 관념이 그리스도의 죽음과 부활관념(롬 6:3-6, 골 2:12)이라고 주장하며, 세례는 침례에 의해서만 상징적으로 표시되는 것이라 한다. 그러나 성경은 분명히 성결이 세례의 상징에 있어 본질적인 것이라고 말해주고 있다(겔 36:25, 요 3:25-26, 행 22:16, 딛 3:5, 히 10:22, 벧전 3:21). 또한 세례는 침수(浸水)와 마찬가지로 물을 뿌리는 형식이나 붓는 형식에 의해서도 상징될 수 있는 것이다(레 14:7, 민 8:7, 겔 36:25, 히 9:19-22, 10:22).

따라서 세례의 양식은 그리 중요하지 않은 것이다. 그러므로 세례는 침수의 형식에 의해 집례될 수 있으며, 붓는 형식이나 뿌리는 형식에 의해서도 집례될 수 있는 것이다. 그러나 침례파는 신약이 침례에 의한 세례만을 정당시 한다고 주장한다. 그러나 그런 주장을 증명할 수는 없다.

예수께서는 세례의 어떤 형식을 제정하지 않으셨고 성경은 결코 어떤 특별한 양식을 강조하지도 않는다. 예수께서 사용하신 Baptize란 말은 꼭 '담그다' 란 뜻을 의미하는 것이 아니라 '씻어 정결케 하다' 란 뜻을 의미하는 것이다. 신약에서 우리는 침례에 의한 세례라고 확증할만한 예를 한번도 찾아볼 수 없다.

세례 요한에게 운집한 무리들과 오순절에 회심한 3천 명도 침수(浸水)에 의해 세례를 받은 것이 아닌 듯 하다. 또한 이 양식은 사도행전 9장 18절, 10장 47절, 16장 33-34절에 언급된 경우에서도 사용된 것 같지 않다.

2. 세례의 합당한 대상

세례는 성인과 영아에게 수여된다.

(1) 성인 세례

세례는 신자와 그의 후손을 위해 시도되는 것이다. 예수께서는 분명히 세례 제정의 말씀을 주로 성인세례를 심중에 두고 말씀하셨던 것이다. 왜냐하면 제자들이 그들의 선교사업을 성인들에게서부터 시작했기 때문이다. 예수님의 교훈은 신앙고백이 세례보다 앞서야 한다는 것을 의미하는 것이다(막 16:16). 오순절 베드로의 말씀을 받아들인 자들은 세례를 받았다(행 2:41, 행 8:37, 16:31-34). 그러므로 교회는 세례를 받고자 하는 모든 성인들에게 신앙고백을 요구해야 한다. 그러한 고백이 이루어지면 그 진실성을 의심할 아무런 이유가 없는한 교회는 그 고백을 표면적 가치로 받아들여야 한다.

(2) 영아 세례

침례교회는 영아세례의 정당성을 부인하는데 그 이유는 영아들이 믿음을 가질 수 없기 때문이며, 신약에 영아에게 세례를 주라는 명령이 없으며 그런 세례의 단순한 예를 기록한 일이 없기 때문이다. 그러나 이는 영아 세례가 비성경적이라는 증거는 되지 못한다.

a. 영아 세례의 성경적 근거

영아 세례는 성경의 단일한 구절에 근거한 것이 아니라 성경적 사상의 산물이다. 아브라함과 맺은 언약은 그것이 국가적 국면이긴 했지만, 주로 영적인 언약이었다(롬 4 16-18, 갈 3:8-9, 14). 이러한 언약은 아직도 유효하며, 본질상 현시대의 새언약과 동일한 것이다(롬 4:13-18, 갈 3:15-18, 히 6:13-18). 영아들은 언약의 혜택에 참여하였으며, 할례의 표를 받았으며, 이스라엘 회중의 한 부분으로 계산되었다(대하 20:13, 욜 2:16). 할례는 신약에 와서 언약에 들어가는 표와 증표로서 세례와 대치된다(행 2:39, 골 2:11-12).

새 언약은 옛 언약보다 은혜로운 것으로 성경(사 54:13, 렘 31:34, 히 8:11)에 나타나 있으므로, 새 언약은 영아를 좀처럼 배제하지 않는다. 이는 마태복음 19장 14절, 사도행전 2장 39절, 고린도전서 7장 14절 등의 구절들의 견해와도 역시 다르다. 뿐만 아니라, 전 가족이 세례를 받았는데 이는 영아를 제외했다는 것이 아니다(행 16:15, 16:33, 고전 1:16).

b. 영아 세례의 근거와 작용

개혁파 노선의 어떤 학자는 영아가 가정적 중생에 근거해서 세례를 받는다고 주장하며, 또 어떤 사람은 영아는 중생의 약속을 포함하는 하나님의 총포괄적, 언약적 약속에 근거해서 세례를 받는다는 입장을 취한다. 이 후자의 견해가 보다 받아들일 만한 가치가 있다. 언약적 약속은 영아세례의 확실한 객관적 근거를 제공해 준다. 그러나 영아 세례가 어떻게 영적 생명을 강하게 하기 위한 은혜의 방편으로서의 기능을 발휘할 수 있느냐 하는 문제가 일어나는데, 그 대답은 영아들이 세례받을 때 중생되었다고 하면 세례는 그 시행시에 중생의 생명을 강하게 하는 것이며, 세례의 의미가 보다 명백히 이해된 후에는 믿음이 더 견고해질 수 있다는 것이다. 그러므로 세례의 작용이 세례의 시행 순간에만 필연적으로 제한된다고 말할 수는 없는 것이다.

참고할 성구

① 세례의 제정

마 28:19
"그러므로 너희는 가서 모든 족속으로 제자를 삼아 아버지와 아들과 성령의 이름으로 세례를 주고"

막 16:15-16
"또 가라사대 너희는 온 천하에 다니며 만민에게 복음을 전파하라 믿고 세례를 받는 사람은 구원을 얻을 것이요 믿지 않는 사람은 정죄를 받으리라"

② 정결의 상징인 세례

행 22:16
"이제는 왜 주저하느뇨 일어나 주의 이름을 불러 세례를 받고 너의 죄를 씻으라 하더라"

벧전 3:21
"물은 예수 그리스도의 부활하심으로 말미암아 이제 너희를 구원하는 표니 곧 세례라 육체의 더러운 것을 제하여 버림이 아니요 오직 선한 양심이 하나님을 향하여 찾아가는 것이라"

③ 할례 내용인 세례

골 2:11-12
"또 그 안에서 너희가 손으로 하지 아니한 할례를 받았으니 곧 육적 몸을 벗는 것이요 그리스도의 할례니라 너희가 세례로 그리스도와 함께 장사한 바 되고 또 죽은 자들 가운데서 그를 일으키신 하나님의 역사를 믿음으로 말미암아 그 안에서 함께 일으키심을 받았느니라"

④ 아브라함 언약의 영원한 적용

롬 4:16
"그러므로 후사가 되는 이것이 은혜에 속하기 위하여 믿음으로 되나니 이는 그 약속을 그 모든 후손에게 굳게 하려 하심이라 율법에 속한 자에게 뿐 아니라 아브라함의 믿음에 속한 자에게도니 아브라함은 하나님 앞에서 우리 모든 사람의 조상이라"

갈 3:29
"너희가 그리스도께 속한 자면 곧 아브라함의 자손이요 약속대로 유업을 이을 자니라"

⑤ 신약교회의 자녀와 세례

마 19:14
"예수께서 가라사대 어린아이들을 용납하고 내게 오는 것을 금하지 말라 천국이 이런 자의 것이니라 하시고"

행 2:39
"이 약속은 너희와 너희 자녀와 모든 먼 데 사람 곧 주 우리 하나님이 얼마든지 부르시는 자들에게 하신 것이라 하고

고전 7:14
"믿지 아니하는 남편이 아내로 인하여 거룩하게 되고 믿지 아니하는 아내가 남편으로 인하여 거룩하게 되나니 그렇지 아니하면 너희 자녀도 깨끗지 못하니라 그러나 이제 거룩하니라"

연구할 말씀

① 사도들은 세례에 있어 삼위 하나님의 이름을 사용했는가?
행 2:38, 8:16, 10:48, 19:5

② 세례의 영적 의미와 할례의 영적 의미를 비교하라.
신 30:6, 렘 4:4와 행 2:38, 22:16을 대조하여 연구하라

③ 할례가 신약시대에는 폐지되었는가?
행 15장, 갈 2:3, 5:2, 3, 6:12, 13

복습 문제

1. 그리스도께서 언제 세례를 설정하셨는가?
2. 세례의 뜻은 무엇인가?
3. 침례교에서는 세례의 상징에서 무엇을 본질로 간주하는가?
4. 세례의 본질은 무엇인가?
5. 그리스도께서는 어떤 양식을 정해주셨는가?
6. 침례에 대하여 성경은 어떻게 가르치는가?
7. 천주교의 세례에 대하여 말하라.
8. 성인이 세례를 받으려면 어떤 조건이 있어야 하는가?
9. 유아세례는 성경적인가?
10. 유아세례는 어떤 의미에서 은혜의 방편이 되는가?

27장

성찬(聖餐)

성찬은 예수님께서 돌아가시기 전 유월절에 제정된 것이다(마 26:26-29, 막 14:22-25, 눅 22:19-20, 고전 11:23-25).

이 새로운 성례는 유월절 음식의 중심적인 요소와 직결된다. 양고기와 함께 먹는 떡은 새로운 용도로 봉헌되었으며, 축복의 잔이라고 칭하는 제 3의 포도주잔도 그와 마찬가지였다. 떡과 포도주는 주님의 찢어진 살과 흘리신 피를 상징하는 것이니 이런 것을 먹고 마심은 그리스도의 희생의 열매에 대한 영적 유용성을 지적해 주는 것이며, 그 성례 전체는 그의 구속적 죽음에 대한 계속적인 기념인 것이다.

1. 표징과 인침으로서의 성찬

(1) 표징

다른 모든 성례와 마찬가지로 성찬은 무엇보다도 하나의 표징인 것이다. 그 표징은 떡과 포도주의 유형적 요소들 뿐 아니라, 그런 것을 먹고 마심까지 포함하는 것이다. 그것은 주님의 죽으심에 대한 하나의 상징적 표시(고전 11:26)이며, 신자가 그리스도의 십자가에 못박히심과 부활하신 주님의 생명과 능력에 참예함을 상징하는 것이다. 뿐만 아니라 성찬은 거기에 참여하는 자의 고백행위인 것이다. 성찬에 참여하는 자들은 그리스도를 구주로 믿는 신앙을 고백하며, 그들의 왕되신 그리스도께 대한 충성을 고백하는 것이다.

(2) 인침

그러나 성찬은 표징만이 아니고 하나의 날인이니, 이것은 그 표시하는 사물에 부착되어 그 실현의 보증이 되는 것이다. 성찬은 성찬에 참여하는 신자들로 하여금 그들이 그리스도께서 고통스럽고 수치스러운 죽음에 자신을 내어주심으로써 보여주신 그 위대한 사랑의 대상이라는 것을 확신시켜 주며, 언약의 모든 약속과 복음의 모든 풍요함이 그들의 것임을 확신시켜 주며, 더 나아가서는 구원의 축복이 실제 소유에 있어서 그들의 것이라는 것을 확신시켜 준다.

2. 성찬에 있어서의 그리스도의 임재

성찬에 있어서의 그리스도의 실재성에 관한 문제는 오랜 논쟁의 대상이 되어 왔으며, 아직도 상당한 견해의 차이가 있다. 여기서는 네 가지 견해를 생각하고자 한다.

(1) 로마교회의 견해

로마교회는 성찬에 있어서 육체적 의미로 그리스도의 임재를 말한다.

"이는 내 몸이니"라는 예수의 말에 근거해서 볼 때, 실상은 그리스도의 살과 피로 변한다고 주장한다. 그러나 이 견해는 몇 가지 반대 주장을 면치 못한다. ① 육신으로 제자들 앞에 서 계신 예수께서 그가 손에 그의 살을 가지고 있었다고 전혀 말할 수 없다. ② 성경은 떡이 변화되었다고 생각할 만한 때에도 그것을 떡이라고 말했다(고전 10:17, 11:26-28). ③ 떡과 포도주의 모양과 냄새와 맛인데, 그것을 실제 살과 피라고 믿는 것은 상식에 어긋나는 것이다.

(2) 루터파의 견해

루터파는 떡과 포도주가 그대로 존재하지만, 그리스도의 전인격 즉 살과 피가 그 요소(떡과 포도주)들 속에(in), 그 요소들 밑에(under), 그 요소들과 함께(along with) 임재한다고 주장한다. 그리스도께서 손에 떡을 가지셨을 때, 그가 자기 몸을 그것과 함께 가지고 있었으므로, "이는 내 살이니라"고 말씀하실 수 있었다는 것이다. 떡 받는 모든 자는 그가 신자이건 아니건 간에 살을 받는 것이라고 한다. 이 견해는 로마 카톨릭 교리를 크게 발전시킨 것이 못된다. 이 견해는 예수의 말씀을 "이는 내 몸을 동반한다"는 부당한 의미로 해석하는 것이다. 뿐만 아니라 이 견해는 그리스도의 몸이 편재한다는 불가능한 개념을 만들어 내고 말았다.

(3) 쯔빙글리의 견해

쯔빙글리는 성찬에 있어서 그리스도의 육체적 임재를 부인하지만, 그리스도는 신자들의 신앙 속에 영적으로 임재한다고 주장한다. 쯔빙글리에 의하면 성찬은 주로 하나의 단순한 표징이나 상징, 또는 그리스도의 죽으심에 대한 기념, 또는 믿는 자들 편에서 하나의 고백 행위에 불과하다고 한다. 그러나 그의 이런 견해는 성찬을 하나님께서 그리스도 안에서 신자들을 위해 행하시는 단순한 날인과 보증으로 간주하는 것 같은 인상을 준다.

(4) 칼빈의 견해
칼빈은 중간적 입장을 취한다. 칼빈은 육체적, 장소적 임재 대신에 그리스도의 영적 임재를 가르친다. 그는 쯔빙글리와는 달리 성례의 깊은 의미를 강조한다. 칼빈은 성찬을 하나님께 대한 헌신의 보증으로 보기보다는 하나님께서 신자를 위해 행하시는 날인과 보증으로 보았다. 십자가 위에서의 그리스도의 희생의 공덕과 효과는 성령의 능력에 의해서 신자들에게 임재하며 실제적으로 전달된다고 볼 수 있다.

3. 성찬과 그 참여자

성찬은 무조건 모든 사람을 위해서 제정된 것이 아니라, 성찬의 영적 의미를 이해하는 신자들만을 위해서 효과있는 것이다. 아직 분별할 수 있는 연령에 이르지 못하는 아이들은 성례에 참여함이 합당치 않다. 심지어 진실한 신자라도 성찬에 참여할 자격이 없는 영적 상태 하에 있게 되는지도 모르므로 자신을 주의깊게 살펴 보아야 한다(고전 11:28-32).

불신자는 자연히 성찬에서 제외된다. 이 성례에서 받은 은혜는 말씀의 도구를 통해서 받는 은혜와 그 종류로 보아 다를바 없다. 성례는 단순히 말씀의 효과와 이미 받은바 은혜의 분량에 부가된 것 뿐이다. 이 성례의 영적 유익의 희열은 그 참여자의 신앙에 의존하는 것이다.

참고할 성구

01 성찬의 제정

고전 11:23-27

"내가 너희에게 전한 것은 주께 받은 것이니 곧 주 예수께서 잡히시던 밤에 떡을 가지사 축사하시고 떼어 가라사대 이것은 너희를 위하는 내 몸이니 이것을 행하여 나를 기념하라 하시고 식후에 또한 이와 같이 잔을 가지시고 가라사대 이 잔은 내 피로 세운 새 언약이니 이것을 행하여 마실 때마다 나를 기념하라 하셨으니 너희가 이 떡을 먹으며 이 잔을 마실 때마다 주의 죽으심을 오실 때까지 전하는 것이니라 그러므로 누구든지 주의 떡이나 잔을 합당치 않게 먹고 마시는 자는 주의 몸과 피를 범하는 죄가 있느니라"

02 표징과 날인으로서의 성찬

마 26:26-27

"저희가 먹을 때에 예수께서 떡을 가지사 축사하시고 떼어 제자들을 주시며 가라사대 받아 먹으라 이것이 내 몸이니라 하시고 또 잔을 가지사 사례하시고 저희에게 주시며 가라사대 너희가 다 이것을 마시라"

고전 10:16

"우리가 축복하는 바 축복의 잔은 그리스도의 피에 참예함이 아니며 우리가 떼는 떡은 그리스도의 몸에 참예함이 아니냐"

03 고백 행위로서의 성찬

고전 11:26

"너희가 이 떡을 먹으며 이 잔을 마실 때마다 주의 죽음을 오실 때까지 전하는 것이니라"

04 성찬의 바람직한 참여와 자아성찰

고전 11:27-29

"그러므로 누구든지 주의 떡이나 잔을 합당치 않게 먹고 마시는 자는 주의 몸과 피를 범하는 죄가 있느니라 사람이 자기를 살피고 그 후에야 이 떡을 먹고 이 잔을 마실지니 주의 몸을 분변치 못하고 먹고 마시는 자는 자기의 죄를 먹고 마시는 것이니라"

연구할 말씀

① 요 6:48-58에 예수님의 말씀은 성찬에 관한 말씀인가?
② "떡을 떼며"란 표현은 반드시 성찬을 가리키는 것인가?
행 2:42, 20:7, 11, 27:35, 고전 10:16

③ 요 10:7, 11:25, 14:6, 15:1

복습 문제

1. 성찬의 상징들은 무엇인가?
2. 성찬은 무엇을 상징하는가?
3. 로마 카톨릭에서는 성찬에서 그리스도의 임재를 어떻게 설명하는가?
4. 루터교는 어떻게 설명하는가?
5. 반대이론은 무엇인가?
6. 쯔빙글리는 성찬에 대해서 어떤 입장인가?
7. 칼빈의 입장은 어떤가?
8. 말씀을 통해서 얻는 은혜와 성찬을 통한 은혜는 어떻게 다른가?
9. 누구를 위하여 성찬제도를 만드셨는가?
10. 성찬에 참예할 수 없는 자는 누구인가?

- A Summary of Christian Doctrine

7부 종말론

28. 육체적 죽음과 사후의 중간 상태
29. 그리스도의 재림
30. 부활 · 마지막 심판 · 무궁세계

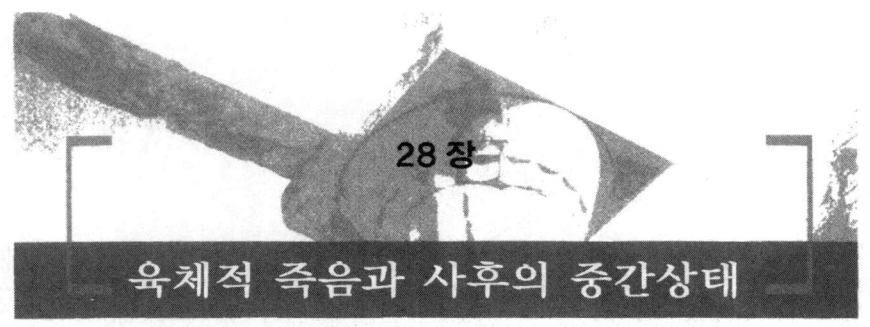

28장 육체적 죽음과 사후의 중간상태

1. 육체적 죽음

육체적 죽음은 성경에 여러 가지로 나타나 있다. 성경은 육체적 죽음을 영혼의 죽음과 구별해서 말하고 있으며(마 10:28, 눅 12:4), 또는 동물적 생명의 종결이나 상실로 언급하고 있으며(눅 6:9, 요 12:25), 또는 육체와 영혼의 분리라고 가르쳐 주고 있다(전 12:7, 약 2:26). 육체적 죽음은 결코 멸절이 아니라, 육체와 영혼의 분리에 의한 육체적 생명의 종결인 것이다. 펠라기우스파와 소기노파는 인간이 죽어야 할 존재로 창조되었다고 가르치지만, 이 견해는 성경에 어긋나는 것이다. 성경은 죽음이 죄의 결과요, 죄의 형벌이라고 가르쳐 준다(창 2:17, 3:19, 롬 5:12, 17, 6:23). 죽음은 인간생활에 있어서 자연적 과정이라고 보기보다는 인간의 마음에 공포와 두려움을 가져다 주는 신적 진노의 표현(시 90:7, 11)이며, 하나의 심판(롬 1:32)이며, 정죄(롬 5:16)이며, 저주(갈 3:13)이다.

그러나 죽음이 죄에 대한 형벌이며, 신자가 죄책에서 구속 받았다고 한다면, 왜 신자들이 아직도 죽어야 하느냐 하는 문제가 제기된다. 그렇지만 죽음이 신자들에게는 형벌이 아니라, 성화 과정의 중요한 요소로 간주되어야 한다는 것은 분명한 사실이다. 이는 성도의 죄에 대한 죽음의 성취를 말하는 것이다.

2. 중간 상태

인간의 죽음과 그 후 일반적 부활 사이의 중간 상태에 관한 견해는 상당히 다양하다. 그러므로 그중 중요한 이론들에 대해 논의할 필요가 있다.

(1) 스올-하데스의 현대적 개념

이 개념은 현대에 상당히 성행하는 개념으로서, 경건한 자나 악한 자나 누구든지 죽은 후에는 구약에서 스올(Sheol)이라고 부르며, 신약에서는 하데스(Hades)라고 부르는 중간지대에 내려간다는 것이다. 그 곳은 보상이나 형벌의 장소가 아니라, 모든 자의 동일한 운명의 장소이며, 지상생활의 약화된 반영에 불과한 음침한 장소이며, 생활의 흥미를 잃고 삶의 희열이 슬픔으로 변해가는 약화된 인식과 침체된 무능력의 장소다.

그러나 이런 개념은 거의 성경적 이론과 일치하지 않는다. 스올(Sheol)과 하데스(Hades)란 말이 항상 경건한 자와 악인이 함께 내려가는 장소를 의미한다면, 그 곳에 내려가는 것을 악한 자들을 향한 경고로서 어떻게 지지할 수 있겠는가(시 9:17, 잠 5:5, 7:27, 9:18, 15:24). 또 하나님의 진노가 스올에서 불붙고 있는 것으로 성경은 어떻게 경고할 수 있었겠는가(신 32:22).

부자는 하데스에서 그의 눈을 들어 쳐다보면서 자기가 있는 곳을 "고통하는 곳"(눅 16:23, 28)이라고 했다. 스올(Sheol)과 하데스(Hades)란 말은 항상 동일한 의미로 사용되지 않았지만, 가끔 무덤(창 42:38, 시 16:10)으로, 어떤 때는 죽음의 상태나 조건(삼상 2:6, 시 89:48)으로, 또 어떤 때는 영원한 형벌의 장소(신 32:22, 시 9:17, 잠 9:18)로 의미되었다.

(2) 연옥, 선조림보, 유아림보

a. 연옥(煉獄)

로마교회에 의하면, 죽을 때 완전한 자들의 영혼은 즉시 천당에 들어가게 되지만(마 25:46, 빌 1:23), 완전히 정화되지 못한 자의 영혼(즉 이는 많은 신자들의 상태이다)은 연옥이라 불리우는 정화의 장소에 들어간다고 한다. 거기 거하는 기간은 개인의 형편에 따라 다른데, 경건한 친구와 친척의 기도, 선행, 미사에 의해 단축될 수 있다는 것이다. 그러나 이 교리는 성경적인 근거가 없다.

b. 선조림보(Limbus Patrum)

로마교회에 의하면, 선조림보는 그리스도께서 죽으신 후부터 부활하실 사이에 오셔서 해방시켜 줄 때까지 구약성도들이 억류되었던 곳이라 한다.

c. 유아림보(Limbus Infantum)

유아림보는 세례받지 못한 모든 아이들의 영혼이 거하는 처소라 한다. 그들은 적극적 형벌을 당하지 않지만 천당의 축복에서 제외되고, 아무런 구원의 소망이 없이 거기에 거한다. 이 견해 역시 성경적 근거가 없다.

(3) 영혼의 수면

영혼이 죽으면 무의식적 휴식이나 수면상태에 들어간다는 견해는 과거 여러 종파의 지지를 받아 왔지만, 오늘날의 영국의 어빙파와 미국의 럿셀파의 중요한 교리가 되었다. 이 견해는 지성을 떠나서는 인식의 지속성을 믿을 수 없다는 자들에게 하나의 특별한 매혹이 된다.

그들은 죽음이 영혼의 잠(마 9:24, 행 7:60, 살전 4:13)이라는 사실과 죽은 자는 의식하지 못한다는 것(시 6:5, 30:9, 115:17, 146:4)을 성경적 근거로 삼는다. 그러나 전자는 단순히 죽은 육체와 잠자는 육체의 유사성 때문에, 죽음을 단순히 잠자는 것으로 말한 것이고, 후자는 단순히 죽은 자는 현세에 대한 인식을 할 수 없고, 현세의 활동에 참여할 수 없다는 것을 강조한 것뿐이다. 성경은 믿는 자가 사후에 즉시 의식적 생활을 향유하는 것으로 표현해 주고 있다(눅 16:19-31, 23:43, 고후 5:8, 빌 1:23, 계 6:9).

(4) 멸절설과 조건적 영생설

이 교리에 의하면, 악인은 죽은 뒤 의식적 존재가 되지 못한다고 한다. 멸절설은 인간이 불멸하게 창조되었다 하더라도 죄악 속에 계속 거하는 자들은 하나님의 적극적 행동에 의해 불멸성을 박탈당하게 된다고 가르친다. 그러나 조건적 영생설에 의하면 인간은 사멸하도록 창조되었지만 믿는 자들만은 그리스도 안에서 불멸의 선물을 받는다고 한다. 악인은 궁극적으로 완전히 멸망하거나 모든 의식을 잃게 된다는 것이다. 그 결과는 두 경우 모두 마찬가지다.

이러한 교리들은 성경이 영생을 그리스도 안에서 주시는 하나님의 선물(요 10:27-28, 롬 2:7, 6:23)이며, 죄인들은 죽음과 멸망으로 위협 당한다(시 73:27, 말 4:1, 벧후 2:12)고 표현한 사실을 근거로 삼으려 한다. 그러나 성경은 분명히 죄인들이 계속 존재할 것이며(마 25:46, 계 14:11, 20:10), 악인의 형벌의 등급(눅 12:47-48, 롬 2:12)이 있다고 가르치고 있다.

(5) 제 2의 시련

어떤 학자들은 죄로 죽은 자들이 사후에 그리스도를 영접할 기회가 있을 것이라고 주장한다. 또 누구든지 예수를 알고 영접할 좋은 기회를 제공받지 않고서는 멸망받지 않을 것이라고 말한다. 그런 학자들은 에베소서 4장 8-9절, 고린도전서 15장 24-28절, 빌립보서 2장 9-11절, 골로새서 1장 19-20절, 베드로전서 3장 19절, 4장 6절 등의 성경구절을 이론적 근거로 삼고자 한다. 그런데 이런 성구들은 그런 이론을 증명해 주는 구절이 아니다. 그뿐 아니라, 성경은 사후의 불신자의 상태를 변할 수 없는 고정된 상태로 표현하고 있다(전 11:3, 눅 16:19-31, 요 8:21, 24, 벧후 2:4, 9, 유 7, 13). 그들의 심판은 그들의 육신으로 행한 것에 의존한다(마 7:22-23, 10:32-33, 25:34-46, 고후 5:9-10, 살후 1:8).

참고할 성구

01 죽음은 죄의 형벌

롬 5:12
"이러므로 한 사람으로 말미암아 죄가 세상에 들어오고 죄로 말미암아 사망이 왔나니 이와 같이 모든 사람이 죄를 지었으므로 사망이 모든 사람에게 이르렀느니라"

롬 6:23
"죄의 삯은 사망이요 하나님의 은사는 그리스도 예수 우리 주 안에 있는 영생이니라"

02 성도는 죽음에서 승리한다

고전 15:55-57
"사망아 너의 이기는 것이 어디 있느냐 사망아 너의 쏘는 것이 어디 있느냐 사망의 쏘는 것은 죄요 죄의 권능은 율법이라 우리 주 예수 그리스도로 말미암아 우리에게 이김을 주시는 하나님께 감사하노니"

03 음부는 형벌의 장소

시 9:17
"악인이 음부로 돌아감이여 하나님을 잊어버린 모든 열방이 그리하리로다"

잠 15:24
"지혜로운 자는 위로 향한 생명길로 말미암음으로 그 아래 있는 음부를 떠나게 되느니라"

눅 16:23
"저가 음부에서 고통 중에 눈을 들어 멀리 아브라함과 그의 품에 있는 나사로를 보고"

04 성도는 죽음 직후에 그리스도와 함께 거한다

고후 5:8
"우리가 담대하여 원하는 바는 차라리 몸을 떠나 주와 함께 거하는 그것이라"

빌 1:23
"내가 그 두 사이에 끼였으니 떠나서 그리스도와 함께 있을 욕망을 가진 이것이 더욱 좋으나"

05 불신자도 사후에 계속 존재한다

마 25:46
"저희는 영벌에 의인들은 영생에 들어가리라 하시니라"

눅 12:47-48
"주인의 뜻을 알고도 예비치 아니하고 그 뜻대로 행치 아니한 종은 많이 맞을 것이요 알지 못하고 맞을 일을 행한 종은 적게 맞으리라 무릇 많이 받은 자에게는 많이 찾을 것이요 많이 맡은 자에게는 많이 달라 할 것이니라"

계 14:11
"그 고난의 연기가 세세토록 올라가리로다 짐승과 그의 우상에게 경배하고 그 이름의 표를 받는 자는 누구든지 밤낮 쉼을 얻지 못하리라 하더라"

06 사후에 도피가 있을 수 없다

눅 16:26
"이뿐 아니라 너희와 우리 사이에 큰 구렁이 끼어 있어 여기서 너희에게 건너 가고자 하되 할 수 없고 거기서 우리에게 건너 올 수도 없게 하였느니라"

벧후 2:9
"주께서 경건한 자는 시험에서 건지시고 불의한 자는 형벌 아래 두어 심판 날까지 지키시며"

연구할 말씀

① 죽음에 대하여
고전 15:55-57, 딤후 1:10, 히 2:14, 계 1:18, 20:14

② 다음 성구들은 연옥설에 대해 뒷받침해 주는가?
사 4:4, 미 7:8, 슥 9:11, 말 3:2, 마 12:32, 고전 3:13-15

③ 십자가상의 죽은 강도에게 하신 예수님의 말씀은 영혼의 잠과 조화가 되는가?
눅 23:43

복습 문제

1. 성경에서 육체의 죽음은 어떻게 설명되고 있는가?
2. 죄와 죽음은 어떤 관계가 있는가?
3. 신자의 죽음도 형벌인가? 어떤 목적을 달성하고 있는가?
4. 스올-하데스의 현대적인 개념은 무엇인가?
5. 이 이론에 대한 반대론은 무엇인가?
6. 성경에서는 이 낱말들이 무엇을 뜻하고 있는가?
7. 멸절설과 조건적인 불멸설은 어떻게 다른가?
8. 성경은 어떻게 가르치는가?
9. 로마 카톨릭의 연옥교리와 선조림보와 유아림보란 무엇인가?
10. 영혼 수면설은 무엇인가?
11. 성경적인 바른 생각은 어떤가?
12. 제 2시련의 교리는 성경적으로 어떻게 보아야 하는가?

29장 그리스도의 재림

 신약은 그리스도의 초림이 있은 후 재림이 있을 것이라고 분명히 가르치고 있다. 예수님께서 그의 다시 오심을 여러 번 말씀하셨으며(마 24:30, 25:19, 26:64, 요 14:3), 천사도 예수님의 승천시에 그의 재림에 주의를 환기시켰으며(행 1:11), 바울 서신에서도 재림에 대하여 여러 번 언급하고 있다(빌 3:20, 살전 4:15-16, 살후 1:7, 10, 딛 2:13, 히 9:28).

1. 재림 전의 대 사건들

 성경에 보면, 여러 가지 중요한 사건들이 그리스도의 재림 전에 일어난다고 했다.

(1) 이방인의 부르심

천국 복음은 그리스도의 재림 전에 온 세계에 전해져야만 한다(마 24:14, 막 13:10, 롬 11:25)고 성경은 말해준다. 이 구절들이 내포하고 있는 뜻은 전 국민이 완전히 복음화 되어 복음이야말로 국민생활에 능력이 되며, 결신(決信)을 촉구하는 목표가 되어야 한다는 것이다.

(2) 이스라엘의 회심

고린도후서 3장 15절과 로마서 11장 25-29절은 이스라엘의 회심을 말해주는데, 특히 로마서는 이 회심을 시간적 종말과 관련시키는 것 같다. 어떤 학자들은 이 구절들을 들어서 이스라엘 전체 또는 국가적 이스라엘이 결국은 주님에게로 돌아올 것이라고 주장하였다. 그러나 로마서 11장 26절의 "온 이스라엘"이라는 표현은 단순히 고대 언약 백성으로부터 선택하여 낸 충족한 무리를 의미할 것이다. 이 모든 구절은 이스라엘의 많은 무리가 세상 끝날에 주님께로 돌아올 것이라는 것을 의미하는 것이다.

(3) 큰 배도와 큰 재난

성경은 끝날이 가까울수록 크게 배도(背道)하는 일이 있을 것이라고 여러 번 가르쳐 주고 있다. 세상 끝날에 죄악이 증가할 것이며, 많은 사람의 사랑이 식어질 것이다(마 24:12, 살후 2:3, 딤후 3:1-7, 4:3-4). 하늘에 사무친 악으로 인하여, 천지가 시작된 후로 전무후무(前無後無)한 무서운 재난이 초래될 것이다. 그 날들을 감하지 아니했더라면, 구원을 얻을 영혼이 없었을 것이지만, 택한 자들을 위해 그 날들을 감할 것이다.

(4) 적그리스도의 출현

적그리스도의 영은 이미 사도시대에도 분명히 있었으며(요일 4:3), 많은 적그리스도들이 그들의 모습을 드러내었다(요일 2:8). 그러나 성경은 우리에게 가르치기를 끝날에 개인이 악의 화신으로서 일어날 것이라 한다. 즉 "죄악의 사람"이요, "대적하는 자라 범사에 일컫는 하나님이나 숭배함을 받는 자 위에 뛰어나 자존하여 하나님의 성전에 앉아 자기를 보여 하나님이라 하느니라"(살후 2:3-4).

(5) 표적과 기사

성경은 이상한 표적을 세상 끝날이 시작되는 징조로서 말해주고 있다. 전쟁, 기근, 지진이 각처에 있을 것이니 이것이 재난의 시작이며, 이 재난은 우주의 재생 전에 일어날 것이다. 그러므로 하늘에 무서운 징조가 나타날 것이며, 그 때에 하늘의 권세가 흔들릴 것이다(마 24:29-30, 막 13:24-25, 눅 21:25-26).

2. 재림 자체

앞서와 같은 징조가 있은 후에는 하늘의 구름을 타고 오시는 인자(人子)를 보게 될 것이다.

(1) 재림의 시기

어떤 학자는 그리스도의 재림이 임박했다고 믿는다. 즉, 어느 때든지 방금 그 일이 일어날 것으로 믿는다. 그러나 성경은 앞서 말한 사건들과 징조들이 재림 전에 앞서 일어난다고 가르쳐 준다. 하나님 편에서 볼 때, 재림은 언제나 가까운 것이다(히 10:25, 약 5:9, 벧전 4:5). 그러나 그 누구도 그 확실한 때를 결정적으로 말할 수 없으며, 심지어는 천사들이나 인자라도 알 수 없다(마 24:36).

(2) 재림의 양식(樣式, 모습)

그리스도의 인격은 다시 오실 것이다(인격적 재림). 그는 이미 오순절 날에 영으로 오셨으나, 육체로 다시 오실 것이므로(형태적, 육체적 재림), 각인의 눈이 볼 수 있을 것이다(가견적 재림); (마 24:30, 26:64, 행 1:11, 딛 2:13, 계 1:7). 많은 징조가 재림 전에 일어날 것이지만, 그의 재림은 사람들이 생각지 않은 때 불시에 일어날 것이다(돌발적 재림). 하늘의 구름이 그의 마차가 될 것이며(마 24:30), 천사들은 그의 호위병이며(살후 1:7), 천사장들은 그의 전령관이 되며(살전 4:16), 하나님의 성도들은 그의 영광스런 수행원이 될 것이다(영광의 재림; 살전 3:13, 살후 1:10).

(3) 재림의 목적

그리스도께서는 미래의 시대, 곧 사물의 영원한 상태를 도입하실 목적으로 재림하실 것인데, 그는 두 가지 사건, 즉 부활과 최후 심판을 통해 이러한 목적을 실행하실 것이다(요 5:25-29, 행 17:31, 롬 2:3-16, 고후 5:10, 빌 3:20-21, 살전 4:13-17, 벧후 3:10-13, 계 20:11-15, 22:12).

3. 천년왕국

혹자는 그리스도의 재림이 천년왕국 전에 또는 천년왕국 후에 될 것이라고 믿는다.

(1) 후천년설

후천년설은 그리스도의 재림이 천년왕국 후에 될 것이라고 가르쳐 준다. 천년왕국은 우리가 지금 살고 있는 복음시대라고 생각되는데, 이 시기 끝(末)에 그리스도께서 나타나실 것이라 한다. 복음은 세상 끝날에 현재보다 훨씬 효과적이 될 것이며, 의와 평화의 시대와 풍요한 영적 축복의 시대로 인도하여 들일 것을 예기한다. 현재에도 어떤 학자는 천년왕국이 진화의 완전한 자연적 과정의 거대한 결과가 될 것을 기대한다. 그러나 이 모든 개념은 세상 끝날에 배도하는 일이 있을 것이라고 말하는 성경의 가르침에 부합치 않는 것 같다.

(2) 전천년설

전천년설에 의하면, 그리스도께서 재림하실 지상 위에 다윗의 왕국을 재건하시고 천년 동안 예루살렘을 통치하실 것이라 한다. 이 이론은 선지서들과 계시록 20장 1-6절의 여자적 해석에 근거한 것이라고 볼 수 있다. 전천년설은 하나님 나라를 지상적 왕국과 국가적 왕국으로 만드는 반면에, 신약은 하나님 나라를 현재에도 존재하는 영적, 우주적 왕국으로 표현하고 있다(마 11:12, 12:18, 눅 17:21, 요 18:36, 37, 골 1:13). 신약은 그리스도의 그와 같은 지상적이고 일시적인 왕국에 대해 말한 일이 없지만, 그의 하늘(딤후 4:18)의 영원한 왕국(벧후 1:11)에 대하여만 말해 주고 있다. 뿐만 아니라, 이 이론은 계시록 20장 1-6절에 근거한 것인데, 이 구절은 하늘의 한 장면을 나타내 주며, 유대와 지상적 국가적 왕국이나 장차 예수께서 다스릴 곳인 팔레스틴에 대해 언급한 일이 없다.

참고할 성구

01 이방인을 부르심

마 24:14
"이 천국 복음이 모든 민족에게 증거되기 위하여 온 세상에 전파되리니 그제야 끝이 오리라"

롬 11:25-26
"형제들아 너희가 스스로 지혜있다 함을 면키 위하여 이 비밀을 너희가 모르기를 내가 원치 아니하노니 이 비밀은 이방인의 충만한 수가 들어오기까지 이스라엘의 더러는 완악하게 된 것이라 그리하여 온 이스라엘이 구원을 얻으리라"

02 이스라엘의 회심

고후 3:15-16
"오늘까지 모세의 글을 읽을 때에 수건이 오히려 그 마음을 덮었도다 그러나 언제든지 주께로 돌아가면 그 수건이 벗어지리라"

03 큰 배도와 큰 재난

마 24:9-13
"그 때에 사람들이 너희를 환난에 넘겨 주겠으며 너희를 죽이리니 너희가 내 이름을 위하여 모든 민족에게 미움을 받으리라 그 때에 많은 사람이 시험에 빠져 서로 잡아 주고 서로 미워하겠으며 거짓 선지자가 많이 일어나 많은 사람을 미혹하게 하겠으며 불법이 성하므로 많은 사람의 사랑이 식어지리라 그러나 끝까지 견디는 자는 구원을 얻으리라"

마 24:21-22
"이는 그 때에 큰 환난이 있겠음이라 창세로부터 지금까지 이런 환난이 없었고 후에도 없으리라 그날들을 감하지 아니할 것이면 모든 육체가 구원을 얻지 못할 것이나 그러나 택하신 자들을 위하여 그날들을 감하시리라"

04 적그리스도가 나타남

살후 2:8-9
"그 때에 불법한 자가 나타나리니 주 예수께서 그 입의 기운으로 저를 죽이시고 강림하여 나타나심으로 폐하시리라 악한 자의 임함은 사단의 역사를 따라 모든 능력과 표적과 거짓 기적과"

요일 2:18, 22
"아이들아 이것이 마지막 때라 적그리스도가 이르겠다 함을 너희가 들은 것과 같이 지금도 많은 적그리스도가 일어났으니… 아버지와 아들을 부인하는 그가 적그리스도니"

05 그리스도의 재림

마 24:44
"이러므로 너희도 예비하고 있으라 생각지 않은 때에 인자가 오리라"

빌 3:20
"오직 우리의 시민권은 하늘에 있는지라 거기로서 구원하는 자 곧 예수 그리스도를 기다리노니"

딛 2:13
"복스러운 소망과 우리의 크신 하나님 구주 예수 그리스도의 영광이 나타나심을 기다리게 하셨으니"

연구할 말씀

① 재림의 가까움을 설명하라.
마 16:28, 24:34, 히 10:25, 약 5:9, 벧전 4:5, 요일 2:18

② 거짓 적그리스도 또는 적그리스도가 누구인가?
마 24:24, 요일 2:18

③ 그리스도께서 영으로 오셨기 때문에, 그의 재림이 과거의 것이라고 하는 이론에 대한 성경적 해답
요 14:18, 28

복습 문제

1. 그리스도의 재림 전에 어떤 일이 일어날 것인가?
2. 민족들에게 복음이 전파되어야 한다는 말씀은 무슨 뜻인가?
3. 이스라엘의 회심에 대한 예언을 어떻게 생각하는가?
4. 큰 배도와 큰 환란이란 무엇인가?
5. 적그리스도란 무엇인가?
6. 지금도 적그리스도가 있는가?
7. 재림이 가까웠다는 말은 무슨 뜻인가?
8. 이미 재림하신 것은 아닐까? 아니라면 그 이유는?
9. 재림은 육체적이고 볼 수 있다는 것을 어떻게 증명할 수 있는가?
10. 도적같이 갑자기 온다는 말은 무슨 뜻인가?
11. 그리스도는 왜 재림하시는가?
12. 전천년설과 후천년설은 어떻게 다른가?
13. 이 두 학설에 대한 반대 의견은 무엇인가?

30 장
부활 · 마지막 심판 · 무궁세계

1. 부활

성경은 그리스도께서 재림하실 때, 죽은 자가 부활할 것이라고 가르쳐 준다. 구약은 이에 대해 분명히 말해 주고 있다(사 26:19, 단 12:2). 신약은 이에 대해 충분한 증명을 제공해 준다(요 5:25-29, 6:39-40, 44, 11:24-25, 고전 15장, 살전 4:13-17, 계 20:13).

(1) 부활의 성질

성경은 우리에게 그리스도의 부활과 같은 육체적 부활을 기대하라고 말씀해 준다. 그리스도 안에서의 구속은 육체도 포함될 것이다(롬 8:23, 고전 6:13-20). 그러한 부활은 고린도전서 15장과 로마서 8장 11절에서 분명히 가르쳐 주고 있다. 부활은 의로운 자나 악한 자들 모두를 포함한 것이다. 그러나 그것은 다만 의로운 자만을 위한 구원과 영화(榮化)의 행위가 될 것이다.

(2) 부활의 시기

성경에 의하면, 일반적 부활은 그리스도의 재림이나 세상 끝날과 일치할 것이며, 최후 심판 바로 직전에 있을 것이다(요 5:27-29, 6:39-40, 44, 54, 11:24, 고전 15:23, 빌 3:20-21, 계 20:11-15).

전천년설 주장자들은 이중적 부활을 주장하는데, 그 중 하나는 그리스도의 재림시의 의로운 자의 부활이요, 다른 하나는 천년 후 세상 끝날의 불의한 자의 부활이라고 가르쳐 준다. 그러나 성경은 의인과 악인 모두의 부활이 한순간에 일어나는 것으로 가르쳐 준다(단 12:2, 요 5:28-29, 행 24:15). 성경은 악한 자의 심판을 그리스도의 재림과 관련시켜 말해 주며(살후 1:7-10), 의로운 자의 부활이 마지막 날에 일어날 것이라고 말해 준다(요 6:39-40, 44, 54, 11:24).

2. 최후 심판

부활의 교리는 최후심판 교리와 바로 연결된다. 성경은 궁극적 심판이 집행될 것을 분명히 언급하고 있다(시 96:13, 98:9, 전 3:17, 12:14, 마 25:31-46, 롬 2:5-10, 고후 5:10, 딤후 4:1, 벧전 4:5, 계 20:11-14).

(1) 심판주와 그 보조자들(심판의 주체)

중보자 되신 그리스도께서는 심판주가 될 것이다(마 25:31-32, 요 5:27, 행 10:42, 17:31, 빌 2:10, 딤전 4:1). 이러한 명예는 그의 구속사업에 대한 보상으로 그리스도에게 주어진 것이다. 천사들은 그를 보조할 것이며(마 13:41-42, 24:31, 25:31), 성도들도 그의 심판사역에 다소나마 참여할 것이다(고전 6:2-3, 계 20:4).

(2) 심판 받을 무리들(심판의 대상)

인류 개개인이 심판대 앞에 서야 한다는 사실은 성경에 분명히 나타나 있다(전 12:14, 마 12:36-37, 25:32, 롬 14:10, 고후 5:10, 계 20:12). 어떤 학자는 말하기를 의로운 자는 심판에서 제외된다고 한다. 그러나 이것은 마태복음 13장 30절, 40-43절, 49절, 25장 31-36절, 고린도후서 5장 10절에 어긋난다. 마귀도 분명히 심판을 받게 될 것이다(마 8:29, 고전 6:3, 벧후 2:4, 유 6).

(3) 심판의 시기

최후 심판은 자연히 세상 끝날에 되어질 것이며, 죽은 자의 부활 후에 즉시 이루어질 것이다(요 5:28-29, 계 20:12-13). 심판의 기간은 결정되어질 수 없는 것이다. 성경은 심판날이라고 말하고 있지만, 이것은 필연적으로 24시간의 하루라는 것을 의미하는 것은 아니다.

또한 이것은 천년이 하루와 같다는 하루를 의미한다고 주장하는 전천년설자들의 주장도 근거가 없는 것이다.

(4) 심판하는 표준

성도들과 죄인들이 심판받게 될 표준은 분명히 하나님의 계시된 의지(意志)일 것이다. 이방인들은 자연법을 따라 심판받을 것이니, 즉 유대인들은 구약계시에 의해 심판을 받을 것이요, 복음의 충만한 계시를 안 자들은 복음으로 심판을 받을 것이다(롬 2:12). 하나님은 인간 각자에게 합당한 것을 베푸실 것이다.

3. 최후 상태

최후 심판은 각 개인의 최후 상태가 어떨 것인가를 분명히 말해 준다.

(1) 악인의 최후 상태

악인은 지옥이라 불리우는 형벌의 장소로 보내진다. 어떤 학자는 지옥이 하나의 장소임을 부인하고 다만 하나의 상태로 간주하지만, 성경은 분명히 장소적인 용어를 사용한다. 예를 들면, 성경은 '풀무의 불'(마 13:42), '불못'(계 20:14-15), '옥'(벧전 3:19)으로 표현하는데, 이 용어 모두가 장소적인 용어이다.

이런 곳에서 그들은 완전히 신적 은총을 빼앗길 것이며, 생활의 끊임없는 불안을 경험할 것이며, 영육간에 적극적인 고통을 당할 것이며, 양심의 번뇌와 실망에 빠지게 될 것이다(마 8:12-13, 막 9:47-48, 눅 16:23, 28, 계 14:10, 21:8). 그들의 형벌은 등급이 있을 것이다(마 11:22, 24, 눅 12:47-48, 20:47). 그들이 당하는 형벌은 영원할 것이 분명하다. 어떤 학자는 영속과 영원이란 말이 단순히 오랜 기간을 의미하는 것이기 때문에, 영원한 형벌을 부인한다. 그러나 이는 그 용어의 통상적 의미가 아니므로, 그 용어들이 장래 형벌에 적용될 때, 이 같은 제한된 의미를 가질 수 없다고 할 수 있다. 뿐만 아니라, 다른 표현이 이 형벌에 대하여 사용되었는데, 이는 끝없는 형벌을 지적하는 것이다(막 9:43, 48, 눅 16:26).

(2) 의인의 최후 상태

신자의 최후 상태는 현세가 지나가고, 새 창조가 이룩되기 전에 이루어질 것이다. 이 미래의 창조는 전적으로 새 창조가 아니라, 오히려 그것은 현 우주의 갱신(更新)인 것이다(시 102:26-27, 히 12:26-28). 천국은 성도들이 영원히 거할 처소가 될 것이다. 어떤 학자는 천국을 단순히 하나의 상태라고 생각할지 모르나, 성경은 분명히 천국을 하나의 장소로 언급하고 있다(요 14:2, 마 22:12-13, 25:10-12). 의로운 자는 천국을 기업으로 얻을 뿐 아니라, 완전한 새 창조를 상속할 것이다(마 5:5, 계 21:1-3).

의인의 보상은 영생이니 즉 끝없는 생명일 뿐 아니라, 현재의 불완전이나 불안이 없으며, 모든 면에서 완전한 생(生)인 것이다. 이러한 생명의 충만은 하나님과의 교제를 통해서 이루어지는데, 이것이 바로 영생의 본질인 것이다(계 21:3). 모든 사람이 완전한 복락을 누릴 것이지만, 이 천국의 복락(福樂)에도 등급이 있는 것이다(단 12:3, 고후 9:6).

참고할 성구

01 일반적 부활

단 12:2
"땅의 티끌 가운데서 자는 자 중에 많이 깨어 영생을 얻는 자도 있겠고 수욕을 받아서 무궁히 부끄러움을 입을 자도 있을 것이며"

요 5:28-29
"이를 기이히 여기지 말라 무덤 속에 있는 자가 다 그의 음성을 들을 때가 오나니 선한 일을 행한 자는 생명의 부활로 악한 일을 행한 자는 심판의 부활로 나오리라"

행 24:15
"저희 기다리는 바 하나님께 향한 소망을 나도 가졌으니 곧 의인과 악인의 부활이 있으리라 함이라"

02 육체의 부활

롬 8:11
"예수를 죽은 자 가운데서 살리신 이의 영이 너희 안에 거하시면 그리스도 예수를 죽은 자 가운데서 살리신 이가 너희 안에 거하시는 그의 영으로 말미암아 너희 죽을 몸도 살리시리라"

고전 15:35
"누가 묻기를 죽은 자들이 어떻게 다시 살며 어떠한 몸으로 오느냐 하리니"

03 마지막 날, 그리스도 재림시의 부활

고전 15:22-23
"아담 안에서 모든 사람이 죽은 것같이 그리스도 안에서 모든 사람이 삶을 얻으리라 그러나 각각 자기 차례대로 되니니 먼저는 첫 열매인 그리스도요 다음에는 그리스도 강림하실 때에 그에게 붙은 자요"

살전 4:16
"주께서 호령과 천사장의 소리와 하나님의 나팔로 친히 하늘로 좇아 강림하시리니 그리스도 안에서 죽은 자들이 먼저 일어나고"

요 6:40
"내 아버지의 뜻은 아들을 보고 믿는 자마다 영생을 얻는 이것이니 마지막 날에 내가 이를 다시 살리리라 하시니라"

④ 그리스도의 마지막 심판

고후 5:10
"이는 우리가 다 반드시 그리스도의 심판대 앞에 드러나 각각 선악간에 그 몸으로 행한 것을 따라 받으려 함이라"

딤후 4:1
"하나님 앞과 산 자와 죽은 자를 심판하실 그리스도 예수 앞에서 그의 나타나실 것과 그의 나라를 두고 엄히 명하노니"

계 20:12
"또 내가 보니 죽은 자들이 무론 대소하고 그 보좌 앞에 섰는데 책들이 펴 있고 또 다른 책이 펴졌으니 곧 생명책이라 죽은 자들이 자기 행위를 따라 책들에 기록된대로 심판을 받으니"

⑤ 영원한 상과 형벌

마 25:46
"저희는 영벌에 의인들은 영생에 들어가리라 하시니라"

롬 2:6-8
"하나님께서 각 사람에게 그 행한 대로 보응하시되 참고 선을 행하여 영광과 존귀와 썩지 아니함을 구하는 자에게는 영생으로 하시고 오직 당을 지어 진리를 좇지 아니하고 불의를 좇는 자에게는 노와 분으로 하시리라"

살후 1:9
"이런 자들이 주의 얼굴과 그의 힘의 영광을 떠나 영원한 멸망의 형벌을 받으리로다"

⑥ 상과 형벌의 정도

단 12:3
"지혜있는 자는 궁창의 빛과 같이 빛날 것이요 많은 사람을 옳은 데로 돌아오게 한 자는 별과 같이 영원토록 비취리라"

눅 12:47-48
"주인의 뜻을 알고도 예비치 아니하고 그 뜻대로 행치 아니한 종은 많이 맞을 것이요 알지 못하고 맞을 일을 행한 종은 적게 맞으리라 무릇 많이 받은 자에게는 많이 찾을 것이요 많이 맡은 자에게는 많이 달라 할 것이니라"

고후 9:6
"이것이 곧 적게 심는 자는 적게 거두고 많이 심는 자는 많이 거둔다 하는 말이로다"

연구할 말씀

① 마 22:23-33에 나타난 예수님의 부활관
② 살후 1:7-10에 나타난 악한 자의 심판과 그리스도의 재림 후 천년에 대한 바울의 견해
③ 고전 6:3은 선한 천사가 심판을 받을 것이라고 증명하는가?

복습 문제

1. 신약에서 어떻게 부활을 증명할 수 있는가?
2. 악인의 부활에 대한 성경적인 근거가 있는가?
3. 악인의 부활은 의인의 부활과 어떻게 다른가?
4. 부활의 시기에 대하여 성경은 무엇이라 가르치는가?
5. 최후심판에 대한 성경적인 근거는 무엇인가?
6. 최후심판 때는 누가 재판관이고 누가 배심원인가?
7. 언제 최후심판이 있을 것인가? 그리고 얼마나 오래 지속될 것인가?
8. 사람들을 심판하는 표준은 무엇인가?
9. 악인의 형벌에는 어떤 것이 내포되어 있는가?
10. 끝없는 심판을 어떻게 증명할 수 있는가?
11. 새 창조는 전적으로 새로운 창조인가?
12. 의인은 어떤 보상을 받게 되는가?

기독교 교리요약

초판 1쇄 발행 1978년 03월 10일
초판 25쇄 발행 2003년 03월 30일
재판 1쇄 발행 2005년 03월10일(개정판)
재판 8쇄 발행 2022년 03월10일

지은이   루이스벌코프
옮긴이   박수준
발행인   방주석
펴낸곳   도서출판 소망
주 소   10252 경기도 고양시 일산동구 고봉로 776-92
전 화   031-976-8970
팩 스   031-976-8971
이메일   somangsa77@daum.net
등 록   1977년 5월 11일(제11-17호)

ISBN   978-89-7510-101-4 (03230)

책값은 뒤표지에 있습니다.

도서출판 소망은 말씀과 성령 안에서 기도로 시작하며
영혼이 풍요로워지는 책을 만드는 데 힘쓰고 있으며
문서선교 사역의 현장에서 하나님 나라의 비전을 넓혀가겠습니다.

나의 힘이신 여호와여 내가 주를 사랑하나이다(시 18:1)